La administración
de las finanzas
de las iglesias

Inés J. Figueroa

ABINGDON PRESS / Nashville

LA ADMINISTRACIÓN DE LAS FINANZAS DE LAS IGLESIAS

Derechos reservados © 2011 por Abingdon Press

Todos los derechos reservados.
Se prohíbe la reproducción de cualquier parte de este libro, sea de manera electrónica, mecánica, fotostática, por grabación o en sistema para el almacenaje y recuperación de información. Solamente se permitirá de acuerdo a las especificaciones de la ley de derechos de autor de 1976 o con permiso escrito del publicador. Solicitudes de permisos se deben pedir por escrito a Abingdon Press, 201 Eighth Avenue South, Nashville, TN 37203.

Este libro fue impreso en papel sin ácido.

A menos que se indique de otra manera, los textos bíblicos en este libro son tomados de la Santa Biblia, Edición de Estudio: Versión Reina-Valera 1995, Edición de Estudio, derechos reservados de autor © 1995 Sociedades Bíblicas Unidas. Usados con permiso. Todos los derechos reservados.

ISBN-13: 978-1-426-73392-5

Contenido

Prólogo 5

Introducción 7

1. Los procesos financieros y la espiritualidad 13
2. Mitos y realidades detrás de la teología
   de la prosperidad 19
3. Conceptos sobre finanzas que todo pastor debe entender . 31
4. Dinero: Lo que dice la Biblia y cómo obtenerlo 51
5. El manejo del presupuesto 61
6. La importancia de mantener record de contabilidad 79
7. Determinación de la compensación pastoral .... .81
8. Decálogo de la mayordomía cristiana 85

Bibliografía 91

Prólogo

Vuelve el Dr. Justo González a lanzarme el reto de escribir otro libro de ayuda pastoral, esta vez en al área de las finanzas. Escribir un manual sobre ese tema estaba en mi corazón desde hace algún tiempo. Sin embargo, no encontraba oportunidad de hacerlo. Esa ocasión me llegó ahora. Dadas las condiciones prevalecientes en la economía actual, urge hablar sobre el particular. Por esa causa no lo pensé dos veces. Ya está probado hasta la saciedad que lo económico juega un papel predominante en la vida humana, razón por la cual la Biblia le presta tanta atención a este asunto. Entiendo que el descuido de las leyes y principios que atañen los procesos económicos y financieros es lo que ha llevado a muchas personas y organizaciones al caos. Es mi intención demostrar que no es necesario ser una estrella, como tampoco se necesita de mucho dinero para que una persona u organización cumpla con efectividad la labor que se le encomienda realizar. Por esa causa, dirijo este libro a los pastores, las pastoras y las personas laicas que tienen la responsabilidad de velar por el bienestar financiero de sus congregaciones y de sus familias. La información que ofrezco no es exhaustiva ni complicada. Discuto solamente algunas teorías que considero convenientes y lo hago con sencillez, reforzándolas con ejemplos basados en enseñanzas bíblicas, datos históricos y vivencias.

Tan pronto tomé la decisión de escribir este libro, me puse en contacto con mi buena amiga y hermana de fe, la Contadora Pública Autorizada (CPA) Mirta Ortiz Ortega, para que me ayudara en al revisión del manuscrito. Mirta, quien está en la etapa final de la presentación de su tesis para alcanzar el título de Maestría en Administración de Empresas (M.B.A.) en el área de impuestos, practica su profesión como contable, lo que le ha permitido obtener una muy variada experiencia en asuntos financieros. Además, ofrece charlas y talleres para las iglesias que solicitan sus servicios. Mirta, no tan sólo corrigió mi manual, sino que amplió algunos de los temas, especialmente el relacionado con el presupuesto. Mi agradecimiento sincero por su colaboración.

Si en estos momentos y por las razones que sean, su congregación no disfruta de salud financiera, este manual le puede servir de ayuda para salir del abatimiento que eso produce. Además, le ofrece unas alternativas encaminadas a superar esa situación. Es mi intención demostrar que existe una manera de salir de una crisis sin tener que recurrir a la manipulación o la práctica de otras acciones poco éticas. También intento minimizar su preocupación por la situación económica que atraviesa el mundo actual. Preocuparse implica sentirse agobiado por un posible evento que no necesariamente tiene que ocurrir. No se preocupe. Lo que Dios espera de usted es que se ocupe de hacer lo correcto para evitar el desenlace de eventos catastróficos.

Introducción

Mi interés sobre el tema de las finanzas y el lugar que ocupa en la espiritualidad humana no surgió ayer, sino que data de bastante tiempo. A finales de la década de los sesenta tuve la premonición de que el mundo sufriría grandes cambios. Dada mi formación académica y mi experiencia en el mundo de los negocios, mi mayor interés se concentró en los procesos económicos. Muy poco tiempo después de sentir esa inquietud, comencé a enseñar un curso sobre políticas de los negocios en la Universidad de Puerto Rico, lo que me permitió indagar sobre las estrategias corporativas que comenzaban a implantarse y que contribuyeron al desarrollo de la cultura posmoderna. Esa inquietud se hizo más potente a partir de septiembre del año 1973, cuando abracé el evangelio de Jesucristo como mi regla de fe. Mi experiencia de conversión me llevó a leer y estudiar la Biblia con gran avidez. Así fue que descubrí que el evangelio de Jesucristo no está divorciado de los principios administrativos y financieros que rigen el mundo. Inclusive, me sorprendió ver que muchos de esos principios fueron descubiertos y puestos en práctica, no solamente por los teólogos de la antigüedad y reforzados por el mismo Señor Jesucristo, sino por muchos empresarios a través de la historia. Esos principios no tienen como propósito primordial llevar a la gente a acumular riquezas materiales, sino ayudarla a disfrutar de una vida abundante en esta tierra, así como la de alcanzar la vida eterna.

Movida por estos descubrimientos, comencé con un gran entusiasmo a compartir mis hallazgos y a advertirle a la gente sobre lo que sucedería si no tomábamos en cuenta tales enseñanzas bíblicas. Pero como para esa época las economías de los Estados Unidos y la de Puerto Rico disfrutaban de una aparente estabilidad, mis palabras cayeron en oídos sordos. Muy poco tiempo después, se dieron cita una serie de eventos que presagiaron un futuro no muy prometedor para la economía. El primer golpe ocurrió en marzo de 1974, cuando los países que formaban parte de la OPEC (Organización de los Países Exportadores de Petróleo) les hicieron un embargo a los países occidentales que elevó cuatro veces el precio del crudo que compraban. Eso fue en represalia contra Israel, país que le arrebató a Siria el territorio conocido como las Alturas de Golán, ubicado en la Península de Sinaí, luego de la victoria de Israel sobre la alianza Egipto-Siria en la llamada «Guerra de los Seis Días». El embargo de la OPEC provocó una enorme inflación en los Estados Unidos que le ocasionó la primera gran crisis económica luego de concluida la Segunda Guerra Mundial. El efecto se dejó sentir de inmediato en los mercados mundiales. En mayo de 1974, un total de ciento veinte naciones se unieron para afirmar el derecho de la OPEC de defenderse de las naciones poderosas. Indudablemente, que esos dos eventos provocaron un gran cambio en la balanza de pago de los Estados Unidos. Un año después, 1975, salió al mercado la primera computadora personal que causó grandes cambios dentro de la industria de las comunicaciones. El mundo se hizo pequeño y los recursos económicos comenzaron a escasear y a complicarse mucho más.

A pesar de los sucesos anteriores, el mundo occidental continuó con su mentalidad consumista y su mismo estilo de vida. Soy muy honesta al decirles que yo misma caí en el consumismo, a pesar de que percibía los cambios que ocurrirían en un futuro bastante cercano. Por lo tanto, tampoco mi familia cambió su estilo de vida. No fue sino hasta el año 1979 que las cosas comenzaron a cambiar para nosotros. Desde hacía unos meses luchaba contra el llamado que el Señor me hacía para entrar en el ministerio pastoral. El Señor pudo más que yo y en el año 1980 renuncié de mi trabajo docente para dedicarme por entero a la obra del Señor. Esa decisión no fue impensada, pero aún así, lució descabellada a los ojos de las personas que me conocían, excepto para mi familia, la cual me apoyó. Tal actitud fue normal dada la cantidad de beneficios marginales que perdí. Pero más aún, lo más descabellado fue aceptar el reto de levantar una obra, una iglesia nueva, en medio de las condiciones prevalecientes en la economía. Sin embargo, mi decisión fue menos dolorosa ya que no parecía afectar nuestra estabilidad económica. Para ese tiempo, mi esposo administraba su propio negocio y mi sueldo no era significativo para el sostén familiar. Pero sucedió lo inesperado. Tan pronto renuncié de mi trabajo, los negocios de mi esposo comenzaron a entrar en problemas. Pensamos que eso se solucionaría y que todo volvería a la normalidad. Pero, en enero de 1981, apenas comenzando mis labores pastorales y mis estudios teológicos en el Seminario Evangélico de Puerto Rico, los negocios de mi esposo se derrumbaron y nuestro abogado nos aconsejó acogernos a la quiebra económica. Creo que estudiar en el Seminario fue una gran decisión. Mi fe y mis estudios teológicos evitaron mi colapso emocional y le dieron un mayor significado a mis conocimientos anteriormente adquiridos. Eso contribuyó a que pudiera enfrentar de manera creativa la severa crisis que nos sobrevino.

Apenas comenzaba mi trabajo pastoral, el panorama económico mundial se ensombreció aún más. En octubre de 1981 ocurrió el asesinato de Anwar el-Sadat, Presidente de Egipto, lo que aumentó las tensiones que ya existían dentro de ese país. Sus habitantes estaban molestos con las políticas del gobierno y con el reconocimiento internacional de Israel como nación. Se creó una hermandad musulmana que comenzó a luchar tenazmente para aumentar su rol en el gobierno y dentro de la sociedad islámica. Esa hermandad desarrolló un sistema encaminado a reformar la sociedad y el sistema educativo musulmán. Según esa hermandad, el secularismo y el materialismo occidental eran los responsables de los males causados al mundo árabe. Por supuesto, ese nuevo evento tuvo un efecto negativo inmediato en la economía controlada por el mundo occidental, y aún para el cristianismo. La religión musulmana reclamaba su espacio dentro del mundo religioso y económico. A esto se añadió el asunto de que los bancos estadounidenses comenzaron a experimentar insolvencia debido a que los gobiernos extranjeros se vieron imposibilitados de pagar sus deudas. Entre esos países estaban Brasil, Argentina y México. El resultado final era de esperarse: se dispararon las quiebras económicas en los Estados Unidos y Puerto Rico, tanto personales como organizacionales. Pero debido al funcionamiento de la Ley 936, que permitía que compañías estadounidenses operaran en Puerto Rico sin pagar impuestos estatales o federales, el efecto económico en Puerto Rico fue menos crítico que en los Estados Unidos.

Aún recuerdo el primer día que llegué a lo que sería mi oficina pastoral en la pequeña y destartalada casa que alquilamos como templo. El único mobiliario que había en aquella habitación era un escritorio y una silla secretarial que me habían regalado. A ambas cosas se les notaba el paso del tiempo. Encima del escritorio había un teléfono color negro de discado el cual había sido recién instalado. El ambiente físico que me rodeaba era un tanto deprimente y no puedo negar que sentí pánico. Poco me faltó para salir corriendo del lugar. Pero caí en cuenta que ya era tarde para correr. Había quemado mis naves y dar marcha atrás era equivalente a intentar atravesar un mar embravecido en una pequeña e insegura embarcación. Me desplomé en la silla y decidí hacer algo bien sensato: Me puse a orar. Luego de un rato, sentí la paz del Señor. Pero en mi cerebro revoloteaba una pregunta: «¿Y ahora qué se supone que yo haga?». Casi de inmediato me puse a recordar varios pasajes bíblicos que hablan de personas que se vieron impulsadas a emprender misiones que lucían absurdas. Todas ellas llegaron a una encrucijada. Fue un momento decisivo donde podían hacer una de dos cosas. Seguir por el camino de la pura razón o seguir el camino de la fe. Hice un breve análisis de mis dos posibilidades y escogí sin mayores reservas seguir el camino de la fe. Ese camino me proveyó un gran sentido de expectación. Pensé que el camino de la pura razón, además de que lo considero un mito, me llevaría al puro aburrimiento.

Todos los pensamientos anteriores me calmaron aún más, pero no respondieron la pregunta sobre lo que se suponía que yo hiciera. Entonces me remonté al pasaje del Éxodo donde leemos que Moisés le hizo a Dios unas preguntas que podrían resumirse en la mía. Dios le había dado a ese hombre una misión: sacar al pueblo hebreo de Egipto. Eso significaba nada menos que ponerse de frente al faraón y a su maquinaria política. Algo así como un mosquito tratar de pelear contra un elefante. Pero, decidí prestarle atención al siguiente diálogo sostenido entre Dios y Moisés:

- Dios le preguntó a Moisés: «¿Qué es eso que tienes en tus manos?»
- Cándidamente, Moisés le respondió: «Una vara».
- Dios le dijo: «Échala en la tierra». Inmediatamente, la vara se convirtió en una serpiente (Ex 4:2-3b).

Más adelante, se encuentra otro interesante pasaje también relacionado con una vara, pero esta vez la de Aarón. En esa ocasión,

Introducción

Dios le pidió a Aarón que echara su vara delante del Faraón. Cuando lo hizo, la vara se convirtió en serpiente. Los sabios y hechiceros del Faraón hicieron lo mismo. Cada uno echó su vara al suelo y todas se convirtieron en serpientes. Pero lo interesante es que la serpiente de Aarón se comió a las demás (Ex 7:8-12). Según algunos exegetas, el asunto de la serpiente está relacionado con un antiguo rito religioso de sanidad. Otros opinan que el escritor bíblico quería demostrar el poder y la benevolencia de Dios. En Génesis 3, la serpiente se utiliza para referirse al animal más astuto de la creación. En resumen, la palabra «serpiente» adquiere varios significados en la Biblia. Pero esos pasajes me sirvieron para darle respuesta a mi pregunta. Ahora sabía lo que tenía que hacer. Tenía que recoger los escasos recursos que nos habían quedado luego de la quiebra y ser sabia en el manejo de ellos. Dios había puesto en mis hombros la responsabilidad de levantar una obra. Tenía que confiar en su poder y su misericordia.

Esa experiencia fue muy enriquecedora para mi vida. Desde ese momento en adelante, me entregué por entero a mi ministerio. Pero les aseguro que la tarea se me hizo menos cuesta arriba gracias a que dispuse de unos conocimientos básicos sobre los procesos administrativos y financieros, conocimientos que comparto a continuación.

1

Los procesos financieros y la espiritualidad

Después de varios años, y como parte de nuestro programa educativo y de evangelización, a finales de la década de los ochenta nuestra congregación sintió la inquietud de conducir un programa radial. Luego de auscultar varios temas, decidimos que era necesario hablarle a la gente de los procesos administrativos y financieros que deben ser tomados en cuenta para disfrutar de una vida abundante. Ningún programador cristiano de esa época hablaba sobre el particular. De hecho, eran muy pocos los estudios bíblicos y sermones que se ofrecían en torno a esos temas. Interesada en que el programa sirviera de utilidad a un mayor sector de la población, decidí darle el título de «La Biblia y tus negocios». No tiene usted una idea de las críticas sin sentido que recibí fuera de las cuatro paredes de mi iglesia. Aquello le causó gran indignación a unas cuantas personas, quienes no perdieron ocasión para acosarme. Algunas de ellas, bajo el manto de ser «espirituales», me tildaron de irreverente. Otras me acusaron de estimular la llamada «teología de la prosperidad», entonces muy en boga. Para reducir esa impresión a su mínima expresión, dediqué un par de programas para explicar el significado bíblico de la palabra «negocio». Esa palabra es la que utilizamos para traducir la palabra inglesa «business», la cual la gente asocia con instituciones con fines de lucro. Aún en inglés, su significado es mucho más amplio. Un negocio es cualquier asunto que merece ser tratado con diligencia y que requiere el intercambio de cosas. La Biblia emplea ese vocablo, así como el verbo negociar, en varios pasajes. El propio Jesús dijo en una ocasión: «En los negocios de mi Padre me es necesario estar». En ninguna parte de la Biblia se dice que hacer negocios u ocuparse de un negocio, tenga o no fines de lucro, sea algo pecaminoso. Lo que es pecaminoso es hacer transacciones turbias o poco éticas dentro de los negocios. Por eso no les hice caso a los ignorantes, sino que me dediqué por entero a educarlos. Proseguimos con nuestro programa radial, el cual mantuvimos por espacio de ocho años consecutivos. Ese programa se ganó varios premios por su contenido y organización. Los resultados fueron excelentes, tanto para la iglesia como para nuestros radioyentes. Inclusive, contribuyó al crecimiento numérico de nuestra congregación, algo que no planificamos. Tuvimos que suspender el programa un tiempo después. La carga de trabajo, unido a mis estudios doctorales, resultó demasiada para mí y terminé por enfermarme. Dada la temática, ningún miembro de mi iglesia se encontró capacitado para continuarlo. Sin embargo, logré mi propósito en demostrar que lo económico juega un papel bien importante en el mensaje del evangelio. Mucha gente se dio cuenta que el buen manejo de los asuntos financieros forma parte del desarrollo de la espiritualidad evangélica.

No fue sino hasta años recientes que se comenzó a escribir más abundantemente sobre esos dos temas: los negocios y la espiritualidad. No obstante, ambos temas suelen ser maltratados y abusados por los escritores. Casi todos los libros que se han escrito sobre la Biblia y su relación con los negocios tienden a defender o a atacar el progreso. Los que lo defienden ponen un desmedido énfasis en la teología de la prosperidad y colocan a Jesús en un rol de alto ejecutivo de una empresa. Los que lo atacan, suelen defender el marxismo o colocar a los negocios en un plano diabólico. En cuanto a los libros escritos en torno al desarrollo de la espiritualidad, tienden a dividir las actividades humanas entre sagradas y profanas. Es decir, reducen la esfera de la acción de Dios en el mundo.

Mucha gente piensa que Dios está en la esfera de lo religioso, pero fuera de la esfera de lo secular, especialmente si se trata de los negocios. Como los humanos somos seres económicos por naturaleza, el resultado de ese divisionismo ha llevado a la secularización del mundo. Ahora resulta ser que dejamos a Dios fuera de todos nuestros asuntos. Tremendo error de apreciación. Si decimos que Dios es omnisciente, omnipotente y omnipresente, entonces tenemos que entender que tiene inherencia en todo. Sus leyes rigen todos los asuntos del universo y todas las actividades humanas. Así lo entendieron los teólogos del Antiguo Testamento y por eso establecieron un gobierno teocrático, el cual visualizaba a Dios como dueño y cabeza de todo. El pueblo judío no tuvo ningún reparo en dar sus diezmos y ofrendas para el mantenimiento de ese estilo de gobierno. Ellos tenían el deber de sostener una estructura organizacional que garantizara, no solamente el orden social, sino su religión, la cual probó ser superior a la religión de los cananeos. La responsabilidad de mantener esa estructura cayó sobre la tribu de Leví.

La crisis de Israel comenzó cuando desarrollaron una nueva estructura de poder: la monarquía. Se hicieron de un rey, el cual se convirtió en dueño y cabeza del reino. No solamente los profetas tronaron contra eso, sino el propio Jesucristo. Jesús se percató que aunque el pueblo judío seguía dando para el sostén de su sistema religioso, no tomaba en cuenta a Dios cuando se trataba de sus propios negocios. No creo que eso haya cambiado mucho. Es duro decirlo, pero los cristianos hemos heredado esa misma tendencia.

Jesús hizo tremenda contribución para reducir la brecha creada entre lo profano y lo sagrado. Por razones de espacio, no puedo ser exhaustiva en mis hallazgos, pero quiero ofrecerles dos sencillos ejemplos. Las parábolas del reino que Jesús narró tienen un mismo patrón de construcción. Hay un amo que tiene varios mayordomos a quienes les da la encomienda de realizar algunas labores en particular. A cada uno le ofrecen unos recursos determinados. Los mayordomos no son dueños de nada. Deben hacer bien sus tareas y rendirle cuenta a su amo. En eso estriba la ley económica de la mejor utilización de los recursos existentes. La eficiencia se basa en el uso de pocos recursos para lograr una mejor y mayor producción. Si los mayordomos hacen bien su labor, son recompensados; pero, si no la hacen bien, son castigados. El asunto interesante en todo esto es que todos reciben la misma recompensa. Todos entran al gozo de su señor, lo que implica que la recompensa es buena. Pero fijémonos que el amo hace lo que desea en cuanto a la manera cómo reparte entre los mayordomos los recursos que ellos han de utilizar en el cumplimiento de sus deberes. Aunque la narración no lo establece, asumo que la repartición guarda relación con la capacidad administrativa de cada uno de ellos. No creo que exista otra explicación para esa desigualdad. También encontramos a Jesús tildando de hipócritas a los fariseos porque diezmaban de todos sus ingresos, pero no practicaban la justicia, la misericordia y la fidelidad. Su espiritualidad era superficial. Daban lo que la ley les requería, pero dejaban a un lado la persona de Dios en todos los demás asuntos.

El libro de los Hechos no ofrece datos de la manera cómo fueron administrados todos los recursos de la iglesia cristiana naciente. Sin embargo, al leer ese libro conjuntamente con las cartas apostólicas pude deducir algunos datos importantes tocantes a ese tema. Lo primero que salta a la vista es que, en sus inicios, la iglesia comenzó a sostenerse gracias a las aportaciones económicas de sus miembros. Contrario a lo que sucedía dentro del judaísmo, la religión cristiana no contaba con leyes que obligaran a la población a ofrendar. Además, desde un principio los teólogos cristianos rechazaron las ofrendas de sacrificios por los pecados. La base de ese rechazo es clara: Jesucristo pagó el precio por el pecado de la humanidad y la salvación no se puede adquirir por dinero. Todo eso dio margen a una nueva visión en torno a lo que se ha denominado como «el arte de dar». Ese arte descansa sobre una teología cuyas raíces se encuentran en las propias enseñanzas de Jesús, especialmente las parábolas del reino. Como dije anteriormente, esas parábolas colocan al creyente en la posición de un mayordomo cuya única misión consiste en administrar los recursos de su amo. Un administrador no tiene derecho a recibir dividendos por concepto de las ganancias obtenidas, sino el salario previamente convenido (Mt. 20:1-15).

Tengo la impresión de que los creyentes cristianos que venían del judaísmo, deseosos de un cambio y esperando que ese cambio se diera en el corto plazo, comenzaron a ofrendar aún más allá de lo que disponía la ley de Moisés. Lo dicho no invalida mi creencia de que el poder del Espíritu Santo es quien utiliza tal motivación para mover a la gente a dar, aunque la gente ni lo entienda. Al fin y al cabo, Dios fue quien creó en nosotros un apartado emocional que nos mueve a establecer una jerarquía de prioridades.

Probablemente ese primer amor provocó el inicio de un movimiento que se ha sido denominado como «comunismo cristiano». La teología que elaboraron los primeros teólogos cristianos surgió del propio judaísmo y fue bien simple: Si Dios es el dueño de todo, entonces la totalidad de nuestras vidas le pertenece a él. De esa manera, los creyentes comenzaron a ofrecer el dinero que tenían, a vender todas sus pertenencias y a entregar el producto de tales ventas a la comunidad de fe. Ellos se convencieron que la gente debía dar según sus fuerzas y recibir según sus necesidades. Todos esperaban que los apóstoles y demás líderes de la iglesia cumplieran con gran efectividad con esa encomienda.

No sabemos que tan rápido comenzaron a surgir los problemas económicos dentro de la comunidad de fe. Empero, infiero que ese sistema comunista no duró mucho tiempo. El caso de Ananías y Safira, narrado por el escritor Lucas casi al principio del libro de Hechos, me permitió llegar a esa conclusión. A partir del capítulo 6 del libro, ya encontramos a la iglesia llevando a cabo un proceso de organización mucho más formal. Ocurre una distribución del trabajo de la iglesia debido a los problemas que comenzaron a surgir. No es casualidad que Lucas citara el asunto económico como el primer problema en emerger. Los griegos y los judíos tenían grandes diferencias de pensamiento y actitudes en cuanto a los asuntos económicos. Es obvio que los creyentes judíos eran más hábiles que los griegos en el manejo del dinero. Abundaré sobre el particular en el siguiente segmento de este libro.

2

Mitos y realidades de la teología de la properidad

Nos podemos preguntar la razón por la cual los judíos son tan hábiles haciendo negocios. Esta tiene una respuesta antropológica. En la antigüedad, las labores administrativas eran realizadas por los esclavos. La gente culta de aquella época trataba de forma peyorativa la actividad económica. Por eso, las personas ricas ponían a sus esclavos a velar por sus intereses. Algunos de esos esclavos, como sucedió con los judíos, fueron personas sumamente inteligentes y bien preparadas, quienes por diversas causas terminaron en la esclavitud. Ese espacio que sus amos les otorgaron en la vida los llevó a desarrollar una gran habilidad para hacer negocios.

Encontramos un ejemplo de habilidad financiera en la historia del patriarca José. Se nos narra que un hombre rico, llamado Potifar, compró a José a unos mercaderes egipcios y muy pronto descubrió en él sus habilidades como administrador. José pulió tales habilidades en la casa de ese hombre, quien terminó por llevarlo a la cárcel debido a una falsa acusación de su esposa. Allí continuó su proceso de pulir sus destrezas. La sabiduría que Dios le dio le permitió superar sus tribulaciones, terminando por destacarse entre sus compañeros de prisión. Su don visionario, unido a sus experiencias y conocimientos, le ganó el respeto de la gente. Finalmente, llegó a convertirse en el segundo hombre más poderoso de Egipto. Bajo ninguna circunstancia descarto la intervención divina en ese proceso, sino que la afirmo. Lo que sí quiero destacar es que los logros alcanzados por José no fueron asunto de magia. Fue una combinación de muchos factores y Dios estuvo presente en todos ellos. La historia nos atestigua que varios imperios sometieron a los judíos a penosos procesos de esclavitud, entre ellos: Egipto, Babilonia, Persia y Roma. Hacer negocios era lo único que se les permitía. Aprendieron a multiplicar sus recursos, lo que los llevó a acumular riquezas. Eso fue vital para su supervivencia, no solamente en los tiempos bíblicos, sino posteriormente.

Expliqué anteriormente que los escritores del Antiguo Testamento interpretaron toda la historia de su pueblo desde la perspectiva teológica. Percibieron que Dios estaba en todo lo que ellos hacían. Sobre todo, Dios estaba comprometido con su engrandecimiento como nación. El «shalom» de Dios incluía muchas cosas. Una de ellas era la prosperidad económica. Como indican los exegetas, esa palabra tiene tal rico contenido que resulta imposible traducirla a otras lenguas. Bajo esa base fue que se desarrolló la teología popular de la retribución. Tal teología abusó del pueblo común y corriente, el cual se vio asediado por los dirigentes inescrupulosos de aquella época. La pobreza material, la enfermedad y todas las demás desdichas se interpretaron como maldiciones de Dios, mientras que la salud y las posesiones de riquezas materiales se interpretaron como bendiciones. Encontramos muchos pasajes bíblicos, sobre todo en el libro de los Salmos, que le dan valor a esta conclusión. Los tales son bautizados por los teólogos contemporáneos con el nombre de «metanarrativas». Todo eso resultó muy adecuado para los ricos y poderosos durante la época de bonanza de Israel. Los profetas intentaron en vano advertirle a lo líderes y al mismo pueblo que iban por mal camino. Inclusive, intentaron educarlos sobre el verdadero significado del concepto «shalom». El intento fue en vano. Pero cuando la crisis los arropó, la teología de la retribución quedó en entredicho. El concepto cayó en desuso tan pronto ocurrió la destrucción de Jerusalén y comenzaron las deportaciones de algunos de sus habitantes a Babilonia. La gente no podía entender cómo Dios, quien se había comprometido con la prosperidad de su pueblo y les había prometido a sus habitantes su protección eterna, ahora se volcaba en su contra. Los libros de Eclesiastés y de Job nos ofrecen el mejor ejemplo del intento realizado por los dogmáticos para erradicar ese pensamiento escolástico y ayudar a al gente a desarrollar una teología pertinente y realista.

Dos escuelas teológicas emergieron durante ese largo período de desasosiego del pueblo judío: la deuteronomista y la sacerdotal. Ambas teologías son oportunas para tiempos de crisis. Resumo esa teología de la siguiente manera: Nosotros, no Dios, somos los responsables del deterioro que experimenta el mundo porque solemos actuar de forma prepotente y egoísta. Tenemos una tendencia natural a alejarnos de las leyes, normas, reglamentos, estatutos y mandamientos establecidos por Dios. Hemos creado un mundo imperfecto donde nadie está exento del sufrimiento, única constante en la ecuación de la vida. Tenemos que aceptar la realidad de que las bendiciones de Dios no son automáticas, sino que hay que "extender las manos" para lograrlas. La única bendición sin condición es la salvación eterna.

La teología de la retribución no murió completamente y pienso que nunca será erradicada en su totalidad, además de que no es totalmente falsa. Aunque con diversos nombres y con características propias a su ambiente, ha resurgido a través de los siglos. Cuando el cristianismo fue aceptado por el estado y, eventualmente, se convirtió en la religión oficial del Imperio de Roma, hubo un resurgimiento de ese pensamiento. Pero esta vez fueron los propios cristianos quienes se apoderaron del mismo. Pensaron que Dios volvía a estar bajo el control de su pueblo, pero ahora llamado cristiano. Consideraron que Dios había descartado al pueblo judío de su plan de salvación. Tal fue el caso de San Agustín, quien escribió un libro que dejó ver en su entredicho que Roma se había convertido en la ciudad de Dios. La crisis que le sobrevino al Imperio a causa de las invasiones de los bárbaros causó mucho malestar dentro de la población. Muchos culparon al cristianismo por haber apartado a la gente de los dioses paganos. San Agustín libró una lucha campal contra esos ataques. El cristianismo, durante ese tiempo, sufrió grandes pérdidas, incluyendo económicas. Todos esos problemas causaron que la iglesia cristiana descuidara en gran manera su labor de evangelización en los países árabes. Entre sus errores se cuenta el haber considerado a los árabes como gente de segunda categoría que no merecían la salvación en Cristo.

Por falta de espacio, no puedo abundar más sobre el tema anterior, el cual muy bien podría ser objeto de una tesis. Sólo quiero apuntalar algo que considero sumamente importante para entender la razón del resurgir de la teología de la retribución, ahora bajo el nombre de «teología de la prosperidad». Luego de concluida la Guerra Hispanoamericana (1898), los Estados Unidos de América comenzaron a levantarse como potencia mundial. En el 1930, esa nación sufrió una severa crisis económica, llamada La Gran Depresión, cuyos efectos se dejaron sentir en el mundo entero. Los economistas entienden que concurrieron varios factores para la ocurrencia de esa crisis. Uno de los más señalados ha sido su desmedido consumismo. Sin embargo, lo que me sorprende es lo relativamente rápido que esa nación logró su recuperación. Claro, los Estados Unidos no experimentaron las mismas pérdidas económicas que sufrió Europa durante la primera guerra mundial. Otro elemento a considerar lo fue la política de «el nuevo pacto» (en inglés, *The New Deal*) desarrollada por el entonces Presidente, Franklin D. Roosevelt, y la filosofía de vida y trabajo desarrollada por esa cultura a lo largo de su historia permitieron esa rápida recuperación. Tal filosofía se conoce como el *American Dream* (el Sueño Americano), nombre acuñado por James Truslow Adams en su libro, Epic of America, publicado en el año 1931. Las raíces de esa filosofía se encuentran en la Declaración de Independencia de los Estados Unidos de América. Ese documento enfatiza el derecho a la vida, la propiedad privada y la búsqueda de la felicidad.

Algo sumamente interesante fue el auge que tomó la filantropía entre los grandes empresarios que surgieron desde el comienzo de la nación estadounidense. Entre esos filántropos podemos citar los siguientes: Henry Ford, Andrew Carnegie y John D. Rockefeller. Ese último, Rockefeller, elaboró su filosofía filantrópica utilizando como base las enseñanzas bíblicas inculcadas por su madre, una devota cristiana, quien fue miembro de una iglesia bautista. Él pensó que Dios le había dado el don para hacer dinero, parte del cual debía dedicarlo para desarrollar obras encaminadas al mejoramiento de la humanidad. No quiero pasar por alto las controversias sociales y políticas que emergieron en torno a esa persona y toda su familia, como sucedió con los demás filántropos. La empresa Standard Oil Company, creada por John D. Rockefeller, cometió muchos abusos de poder y fue finalmente declarada un monopolio y disuelta en el año 1911.

Lo que deseo destacar es que la filantropía se convirtió en algo muy diferente al concepto de «caridad» desarrollado por la iglesia cristiana y enfatizada por las órdenes mendicantes que surgieron durante la Edad Media. La «caridad» se entiende como la acción de dar limosnas para la gente pobre. La filantropía, en cambio, se dirige al desarrollo de todo aquello encaminado a mejorar la calidad de vida de la humanidad, lo que incluye: la educación, las ciencias, las artes, la religión y la cultura en general. Pero según mi punto de vista, ambas acciones conforman «el arte de dar», interpretada por muchas personas como un mandato de Dios y como parte esencial para obtener la prosperidad.

La nación estadounidense alcanzó su punto máximo de desarrollo económico al concluir la Segunda Guerra Mundial. La década de los años cincuenta es considerada su «época de oro». No nos debe extrañar que la iglesia se montara en esa filosofía del progreso. Según algunos estudiosos de la materia, el surgimiento y gran desarrollo de la masonería contribuyó aún más al avance de esa filosofía. Esas sociedades secretas ponían un fuerte énfasis en el logro del poder y el progreso económico. Ya desde el siglo XVIII la iglesia cristiana en los Estados Unidos estaba experimentado su gran progreso, algo que se evidencia en los grandes templos que se construyeron. Pero el auge económico provocó una nueva actitud en los miembros de las iglesias. Muchos de los mensajes que se daban en los púlpitos de las iglesias protestantes estimulaban la prosperidad económica. Entiendo que la Iglesia Católica no necesitaba tal estímulo ya que gozaba y aún sigue gozando de cierto esplendor. El crecimiento numérico de las congregaciones protestantes se convirtió en una de las señales de su éxito. Así surgió la fiebre por las mega-iglesias. La gente ofrendaba a manos llenas porque creía de todo corazón que Dios les devolvería al cien por ciento todo lo que daba. La idea de ese pensamiento fue elaborada a partir de varios textos bíblicos sacados fuera de su contexto. Por ejemplo, los seguidores de esa teología predican que a más usted ofrende para la obra cristiana, mayores serán las bendiciones que usted recibirá de Dios. El pasaje sobre el joven rico es uno de los más utilizados para darle validez a ese pensamiento. El mismo hace alusión a la conversación que Jesús sostuvo con un dirigente judío, quien le formuló una pregunta buscando un refuerzo a su modo de pensar en torno al logro de la vida eterna. La respuesta le heló la sangre a aquel dirigente. Según Jesús, tendría que vender todo lo que tenía y darlo a los pobres. Ante la imposibilidad de hacer tal cosa, el dirigente judío terminó por seguir su camino. A su partida, Jesús pronunció una sentencia: «Más fácil es pasar un camello por el ojo de una aguja, que entrar un rico en el reino de Dios» (Mc 10:25). Jesús destaca la tendencia que tenemos los humanos de poner todo nuestro interés en las cosas materiales y darle la prioridad en nuestras vidas. Pero bajo ninguna circunstancia es un rechazo a las riquezas como tal. Tampoco implica que los ricos no tengan oportunidad de salvarse. Cuando los discípulos le preguntaron a Jesús lo que ellos recibirían como recompensa por haberlo dejado todo y seguirlo, este le respondió que recibirían mucho más en el tiempo presente, y en el siglo venidero, la vida eterna (Lc 18:18-30). Esas palabras dichas por Jesús encierran una gran verdad, pero no es asunto de tomarlas literalmente. Jesús empleó una hipérbole para lograr la atención de sus escuchas. Pero lo que dejó establecido es que Dios no tiene ninguna intención de que la gente invierta para perder, sino para ganar, aunque no necesariamente tienen que ser ganancias materiales. Yo estoy totalmente convencida de eso.

Con relación a lo anterior, hay una ley financiera que establece que a mayor la ganancia esperada, mayor debe ser el monto de la inversión. Pero en el caso de las inversiones que hacemos en el reino de Dios, no necesariamente tienen que ver con ganancias monetarias. Es imposible explicar como funciona esa ley. Pero, ¿quién puede explicar cómo funcionan muchas otras cosas en este mundo? No entender cómo algo funciona no le resta a su buen funcionamiento. Creo en la ley que dice que a más damos, más recibimos. Voy a darle un simple testimonio para afianzar mi creencia. Al momento de mi renuncia como profesora de la Universidad de Puerto Rico para entrar al ministerio pastoral, yo estaba por comenzar el proceso de tramitar una beca para proseguir estudios doctorales en el campo de la conducta organizacional. Ese sueño se malogró. Sin embargo, el resultado no fue negativo. Sin tener que hacer gran esfuerzo, obtuve otras becas que me permitieron seguir estudios posgraduados, lo que a su vez me llevó a obtener otros conocimientos mucho más interesante y útiles para el ejercicio de mis funciones pastorales. No solamente eso, sino que esos estudios, unidos a mis estudios anteriores, me abrieron las puertas para retornar a la cátedra, en esta ocasión en el Seminario Evangélico de Puerto Rico, donde por espacio de más de veinte años enseñe, entre otros, el curso de administración eclesiástica, algo que realmente llenaba mi vida. Así logré mi sueño de combinar mi vida ministerial con la vida académica. A esto le añado la bendición de poder plasmar por escrito mis pensamientos. Ese testimonio me reforzó la verdad contenida en el versículo bíblico que lee: «Echa tu pan sobre las aguas; porque después de muchos días regresará» (Ec 11:1). A la corta o a la larga, siempre recibimos mucho más de lo que damos. Pablo entendió lo anterior y por esa causa estimulaba a los hermanos y hermanas de la fe a dar aún más allá de sus fuerzas.

Existe otro problema con la teología de la prosperidad y es que no toma en cuenta la probabilidad que siempre existe de perder todo lo que uno invierte. El riesgo es una constante y debe ser ponderado. En ocasiones, el riesgo es tan alto que no vale la pena la inversión. Aún existe riesgo al momento de ejercitar la fe porque no sabemos cual es la voluntad última de Dios. Por eso fue que uno de los mayordomos de la parábola de los talentos escondió su dinero. Tuvo miedo de perder el capital inicial que se le entregó. Aún cuando operamos bajo la voluntad de Dios, los humanos cometemos errores de omisión y comisión. Por eso, no debemos invertir en la obra de Dios pensando los beneficios inmediatos que vamos a recibir, sino pensando en la misión que Dios nos ha encomendado realizar. Tenemos el deber de analizar todas las alternativas financieras a la luz de nuestra realidad antes de tomar cualquier decisión. Dios no va a hacer esa tarea por nosotros.

Un amigo me dijo una vez que toda persona debía contar siempre con los servicios de un abogado, un médico de familia, un ministro y un contador. El abogado nos ayuda a defendernos de las injusticias. El médico nos ayuda a aliviar nuestras dolencias físicas. El ministro sirve para guiarnos espiritualmente. El contador nos ofrece ayuda para mantener unas finanzas saludables. Todas esas cosas contribuyen al disfrute de una buena calidad de vida. En sus comienzos, la cultura estadounidense tomó muy en cuenta tales cosas. Los fundadores de esa cultura fueron muy celosos de sus leyes y tradiciones democráticas. La mayoría eran miembros activos de una iglesia cristiana. Aún los obreros tenían por costumbre leer el periódico diariamente. Por ejemplo, uno de los diarios más leídos por los estadounidenses lo fue el Wall Street Journal. La gente se interesaba en el comportamiento de la economía y solía invertir sus ahorros en los mercados de valores. La filosofía del trabajo desarrollada por esa cultura tradicional estuvo basada en las enseñanzas bíblicas propulsadas por los grandes predicadores que surgieron durante los siglos dieciocho y diecinueve. Sus enseñanzas estimularon el ahorro y las inversiones. Algunos, sino todos, heredaron sus enseñanzas de otros teólogos, como lo fueron Juan Calvino y Juan Wesley. Esa gente se ocupó de entender y practicar los principios financieros. Por desgracia, la sociedad estadounidense está perdiendo a pasos agigantados muchos de esos valores tradicionales.

La sociedad actual se divide en dos grandes grupos: Aquellos que alaban el progreso y aquellos que lo atacan. Pienso que no hay nada malo en el progreso bien encausado que, entre otras cosas, promueve la prosperidad material. Pero eso está muy lejos de la afirmación que hacen algunos seguidores de la teología de la prosperidad de que Dios quiere hacernos ricos. Por otro lado, también descarto la idea de que la pobreza es el mejor camino para la salvación. Según mi punto de vista, existen varios tipos de pobreza y de riqueza. Se puede hablar de la pobreza y de la riqueza cultural, espiritual, emocional y material. Creo firmemente que el progreso material no constituye la base de una sociedad saludable, pero opino que es el resultado final de una sociedad que vive a tono con sus posibilidades y cumple cabalmente con su misión. Si lo material fuera la base de la salud mental y moral de los pueblos, ¿cómo explicamos las conductas desviadas de tantas personas ricas? Piense en los ricos famosos que tienen innumerables adicciones, tales como: el desmedido deseo de poder, las drogas, el alcohol, el sexo, el juego, etcétera. Algunos han vuelto a la pobreza porque no supieron lidiar con sus riquezas. También me pregunto: ¿A qué se debe la conducta desviada de algunas personas pobres? En los pobres encontramos el mismo patrón de conducta desviada, de drogas, alcohol, sexo, juego, etcétera. Concluyo en este punto diciendo que hay personas que tienen muchas riquezas materiales, pero que a la vez son espiritual y emocionalmente indigentes. Pero hay personas que son materialmente pobres, pero poseedoras de una gran riqueza emocional y espiritual. De igual manera encontramos personas que no tienen ningún interés en salir de su pobreza porque se ha convertido en personas conformistas y cómodas. La Biblia repudia la vagancia y exhorta al trabajo.

Mi experiencia de vida me ha llevado a elaborar una teología en torno a las riquezas que tiene base bíblica y que hace mucho sentido. Yo opino que Dios no tuvo intención de separar la humanidad entre ricos y pobres. Mi punto de vista es que el «paraíso» es equivalente a la situación de vida que nos permite satisfacer todas nuestras necesidades y vivir sin ningún tipo de tensión. La llamada «copa invertida» de los recursos económicos la creamos nosotros los humanos debido a nuestro egoísmo. Hay unos pocos ricos que lo controlan todo y una gran masa de gente pobre que vive al margen o peor aún, en la indigencia. No todos los ricos son malos ni todos los pobres son buenos. La bondad y la maldad hay que verlas desde otra perspectiva que en nada tiene que ver con la habilidad para hacer o gastar el dinero. Yo creo lo que dice Dinesh D'Souza en el tercer capítulo de su libro titulado *The Virtue of Prosperity* (La virtud de la prosperidad): el éxito es una lotería. ¿Por qué algunas personas prosperan más que otras estando bajo las mismas circunstancias de vida? Tampoco podemos negar que hay personas poseedoras de unas habilidades superiores a las que poseen los demás habitantes de este mundo. Usted haga la lista. Dios es quien reparte los dones a la gente y nada podemos hacer para cambiarlo. Pero el éxito no está en hacer dinero, sino en la manera cómo nos deshacemos del mismo para que rinda buenos frutos. Guardarlo sin ningún objetivo futuro en mente nos convierte en personas tacañas y miserables. Gastarlo sin pensar en un mañana nos convierte en personas derrochadoras. Si, por un lado, las riquezas son peligrosas, ya que nos pueden impulsar a cometer injusticias con el fin de preservarlas, por otro lado la pobreza extrema nos puede convertir en seres insignificantes, sin futuro, enajenados de la realidad e incapacitados para disfrutar de la vida. Entonces, ¿en qué punto nos debemos colocar? Tengo que concluir que Dios alienta los valores de la Clase Media. Yo opino como Max Weber, quien explicó que es realmente esa clase económica la que sostiene el trabajo que realiza la iglesia. La base para mi tesis la encontré en un proverbio que lee de la siguiente manera: «Aleja de mi la falsedad y la mentira, y no me hagas ni rico ni pobre; dame sólo el pan necesario, porque si me sobra, podría renegar de ti, y decidir que no te conozco; y si me falta, podría robar y ofender así tu divino nombre» (Pr 30:8-9, VP).

El progreso mal entendido ha dado lugar a una cultura de consumo que busca gratificaciones al instante. Las nuevas generaciones, aunque tienen acceso a una mayor cantidad de información, no han aprendido a integrarlas a su diario vivir. Hoy tenemos una sociedad dividida en especializaciones, pero vive en el limbo. En mis tiempos de niñez, los profesionales eran poseedores de un gran acerbo cultural. Por ejemplo, el médico de nuestra familia conocía de medicina, pero también de arte, literatura, filosofía y teología. No se perdía cuando alguien le hablaba de asuntos económicos. Soy realista. Dada la explosión del conocimiento y del estado constante de cambio que vive el mundo, resulta casi imposible para cualquier estudiante empaparse de todas las áreas del saber humano. Cualquier currículo de nivel superior se ve limitado aún para cubrir las materias pertinentes a una profesión. ¡Cuánto más podrá contribuir para ampliar el marco cultural de los estudiantes! Pero siempre he pensado que la iglesia puede cubrir esa deficiencia, tal como lo hizo en el pasado. Eso fue algo que puse en práctica durante mi trabajo pastoral. Mis sermones y estudios bíblicos siempre tuvieron un fuerte contenido social y educativo, pero sin descuidar lo espiritual. Mi interés se concentró en enseñar a los miembros de mi iglesia a pensar teológicamente. Le hice claro a la gente que Dios tiene inherencia en todas las cosas creadas. Por tanto, utilizaba todos los recursos humanos que tenía a la mano para ofrecerles a los miembros de la iglesia cursos cortos, conferencias, seminarios y talleres sobre diversos temas relacionados con la vida humana y la conservación de nuestro ambiente. Creo que la iglesia tiene que recobrar la función pedagógica que le fue arrebatada por la cultura secular. La iglesia tiene el mandato de enriquecer a sus miembros y entiendo que la educación que transforma es la mayor riqueza que le podemos ofrecer a la humanidad.

3

CONCEPTOS BÁSICOS DE LAS FINANZAS QUE TODO AGENTE PASTORAL DEBE TENER

Si ya entendieron la necesidad de prestarle atención a los asuntos financieros, conviene ahora que entremos a conocer algunos principios que rigen al mundo de las finanzas. Las finanzas son el brazo de la economía que tiene como función principal el preservar los activos (haberes) de cualquier individuo o entidad. Es el vehículo para proveer fondos a los individuos y a todas las organizaciones, incluyendo el gobierno y demás instituciones sin fines de lucro, y ayudar a quienes toman las decisiones a utilizarlos de forma efectiva. Como ha pasado con otras áreas del saber humano, esa tarea se ha complicado dando lugar al surgimiento de nuevas profesiones y al mejoramiento de viejas o al desarrollo de nuevas instituciones. Entre las instituciones que facilitan el trabajo financiero, encontramos las siguientes:

- **Banca comercial.** Estas instituciones reciben depósitos de las personas, hacen préstamos y administran fondos de caja (en inglés «cash management»). Los bancos son instituciones muy importantes dentro de un sistema capitalista. El banco genera fondos recibiendo depósitos de negocios y

consumidores, ahorro, y depósitos a plazo. También hacen préstamos a negocios y a particulares, compra bonos corporativos y bonos estatales. Sus principales pasivos son los depósitos y sus principales activos son los préstamos y bonos. Los bancos reciben dinero de los depósitos que hacen sus clientes en cuentas de diversas índoles. Ese dinero, a su vez, es utilizado por el banco para prestarle a otras personas e instituciones de esa manera se expande la economía. Los ingresos de los bancos provienen mayormente de los intereses que les cobran a sus clientes y de sus inversiones.
- **Asociaciones de ahorros y préstamos**. Son entidades que están dominadas por las personas que mantienen sus ahorros depositados en ellas. No solamente logran en ocasiones conseguir que se les paguen intereses más altos sobre sus ahorros, sino que también logran préstamos personales a un interés más bajo.
- **Cooperativas de ahorros y crédito**. Son organizaciones constituidas con arreglo a la Ley, cuyo objetivo social es servir a las necesidades financieras de sus socios y de terceros mediante el ejercicio de las actividades propias de las entidades de crédito. La membresía se obtiene por medio de la compra de acciones de estas instituciones. Los miembros pueden entonces hacer préstamos a un interés más bajo que los imputados por la banca comercial.
- **Fondo Monetario Internacional**. Es muy probable que usted haya escuchado hablar del «International Monetary Fund». Esta es una organización cuyos reglamentos declaran como objetivos principales la promoción de políticas cambiarias sostenibles a nivel internacional, facilitar el comercio internacional y reducir la pobreza. Es decir, tiene como propósito promover la cooperación monetaria que facilita la expansión del mercado a través del mundo entero. Forma parte de los organismos especializados de las Naciones Unidas, siendo una organización intergubernamental que cuenta con 185 miembros. Actualmente tiene su sede en Washington, D.C. Ese Fondo opera como una agencia especializada de las Naciones Unidas y es un foro permanente que presta atención a las controversias relacionadas con los

pagos de deudas internacionales. Las naciones miembros son exhortadas a practicar un patrón de conducta en la imposición de las tasas de intercambio. Ese fondo comenzó a operar en el 1947, luego de concluida la Segunda Guerra Mundial. Su membresía está disponible para todas las naciones libres. Puerto Rico, por ser un territorio no incorporado a los Estados Unidos, no forma parte de ese organismo. Por esa causa no tiene deuda con esta institución, sino la contraída con los tenedores de los bonos del Estado Libre Asociado.

Con el correr del tiempo, hacer negocios se ha convertido en algo sumamente complejo y riesgoso. Para minimizar esos riesgos se creó el sistema corporativo. La **corporación** es una entidad que tiene personalidad jurídica, lo que le requiere estar registrada en los foros gubernamentales. La ley permite a sus dueños y dueñas realizar transacciones económicas bajo esa entidad corporativa, la cual está debidamente protegida por ley. Las corporaciones se clasifican de varias maneras. Estas pueden ser cerradas (que no se mercadean en el mercado de valores) o públicas. Además, existen corporaciones con o sin fines de lucro. Los dueños y las dueñas de las corporaciones con fines de lucro se conocen como accionistas. Esas corporaciones tienen, entre otras, la obligación de pagar contribución sobre ingresos y un informe anual al Departamento de Estado para tener un «status» de existencia conocido como «Good Standing» en el cual se certifican la legalidad de su existencia. Las corporaciones sin fines de lucro que se crean en Puerto Rico y en los Estados Unidos están exentas del pago de contribuciones sobre ingreso después de cumplir con lo requerido por ley para disfrutar de dicho status. Como ellas no tienen dueños, no pagan dividendos. Las iglesias se rigen por ese tipo de estructura organizacional. Dada la disposición de ley en cuanto a la separación de iglesia y estado, en los Estados Unidos y Puerto Rico no se les exige presentar al gobierno planillas de contribución sobre ingresos ni proveer informes financieros. También están exentas del pago de contribuciones sobre la propiedad. En el caso de las corporaciones que se crean para prestar servicios a la comunidad, también están exentas del pago de contribuciones. Sin embargo, para recibir ayudas gubernamentales tienen que crear una corporación aparte y vienen obligadas a rendir cuentas de sus operaciones financieras.

En Puerto Rico, las corporaciones cerradas pueden tener hasta un solo accionista. En cuanto a las «corporaciones públicas», éstas venden sus acciones en los mercados de valores y cualquier persona las puede comprar. En el caso de las corporaciones públicas que organiza y dirige el gobierno, su capital se levanta mediante la venta de bonos. El bonista es un acreedor, no un dueño de una entidad gubernamental. Sin embargo, nadie se atrevería a negar la influencia que los bonistas ejercen en las políticas públicas. Fue precisamente la pérdida de confianza, por parte de los mercados financieros en cuanto a la capacidad de pago de Puerto Rico para satisfacer las obligaciones con los bonistas lo que llevó al gobierno crear una comisión especial para una reforma fiscal en Puerto Rico. Esta determinó que un impuesto por concepto de ventas y uso (conocido como el «IVU») ayudaría a evitar la degradación de los bonos del Estado Libre Asociado de Puerto Rico.

El siguiente esquema puede ver el proceso que se lleva a cabo para vender acciones o bonos en los mercados de valores.

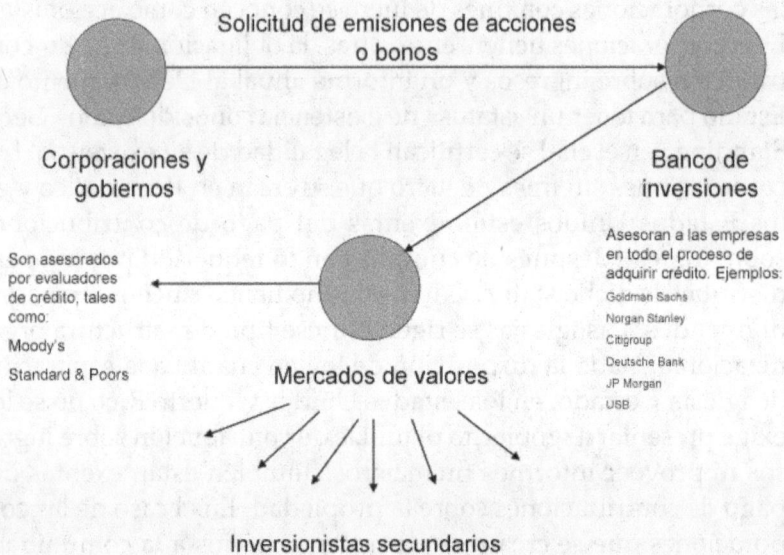

Los mercados de valores y su rol dentro de la actividad económica

Muchas denominaciones religiosas e iglesias grandes suelen hacer inversiones en los mercados de valores para unos fines específicos, como el mantener saludables los fondos de retiros para sus pastores y pastoras. Los mercados de valores son entidades que organizan la compra y venta de instrumentos financieros que se conocen en inglés como *securities* (valores intangibles) que incluyen acciones, bonos, opciones, pagarés y otros. Los mercados de valores están localizados en lugares específicos desde donde realizan las operaciones de compra y venta. Pero no todas las transacciones de los valores se llevan a cabo en esos lugares específicos. Existe un grupo de ellos que reciben el nombre en inglés de *unlisted*, esto es, no registrados. Esos valores se intercambian vía teléfono o computadora. Podríamos compararlos con las medicinas que no necesitan recetas médicas para adquirirlas. Al igual que sucede con esas medicinas, esos valores reciben el nombre de *over-the-counter*. Las corporaciones que quieran mercadear sus acciones en cualquiera de esos mercados tienen que cumplir con unos requisitos específicos establecidos por el *Securities and Exchange Comisión*, es decir, la comisión para el intercambio de valores del gobierno de los Estados Unidos.

Las transacciones para el intercambio de valores involucran las actividades de unos funcionarios llamados corredores (*brokers*) o agentes (*dealers*). Son las personas que facilitan la compra y venta de valores para sus clientes. Los corredores obtienen sus comisiones y honorarios de sus clientes. Los agentes, por otro lado, compran y venden valores de sus propios porfolios. Es decir, tienen sus propios inventarios de valores. Ellos compran y venden constantemente sus acciones en el mercado. Ganan cuando las venden a un precio mayor al que las compraron. Sufren pérdidas cuando tienen que vender a un precio menor que el costo. Algunas personas actúan tanto de corredores como agentes. Los mercados son importantes porque ayudan a los empresarios a levantar fondos para financiar sus expansiones y nuevas inversiones.

La crisis económica que atravesamos ha creado muchas trampas para incautarse del dinero de las personas carentes de conocimiento financiero. Es deber de todo pastor y de toda pastora advertirle a su feligresía sobre los peligros a los cuales están expuestos. Si una persona no conoce el funcionamiento del mercado de valores o no tiene tiempo para seguir el comportamiento de dichos valores en el mercado (que suben y bajan constantemente), no debe aventurarse a invertir en acciones o bonos de corporaciones con fines de lucro. Muchas personas han resultado víctimas de agentes y corredores inescrupulosos que les ofrecen a sus clientes unas inversiones de «alto rendimiento» a un corto tiempo. Esos corredores son unos especuladores, quienes, para obtener grandes beneficios personales, suelen invertir el dinero de sus clientes en valores de alto riesgo. Eso ocurre con bastante frecuencia. Personalmente tuve que lidiar con un par de esos casos durante el ejercicio de mi trabajo pastoral. Las personas que invirtieron en valores engañosos desconocían sus derechos y si no hubiese sido por la orientación que les dimos, libre de todo costo, hubiesen perdido todo su dinero. Se puede minimizar el riesgo de caer en manos de aquellas personas que le ofrecen más por menos. La magia no juega papel alguno en la actividad económica.

Usos y abusos del crédito

El crédito es casi tan antiguo como el ser humano. Se define como una transferencia de dinero u otra propiedad bajo la promesa de repago en un futuro determinado. La persona que presta se convierte en el acreedor y la que recibe el dinero o el activo se convierte en el deudor. Realmente, el crédito no es otra cosa que un ahorro negativo. Usted gasta en el presente lo que espera ganar en el futuro. Por eso hay que usar de la sabiduría al momento de tomar prestado.

En la Biblia encontramos algunas enseñanzas y leyes sobre el crédito. Algunos profetas acusaron de usureros a los comerciantes porque en cierta medida obligaban a la gente a tomar prestado y luego le cobraban intereses bien altos. Tal acción empobrecía aún más al pueblo. Sobre el crédito, la Ley de Moisés establecía que una persona era responsable por lo que tomaba prestado y debía restituirlo si se le perdía (Ex 22:14). Por esa causa fue que Eliseo hizo el milagro de hacer flotar un hacha que le había sido prestada a uno de los hijos de los profetas para ayudar a construir un lugar más espacioso para vivir (2 R 6:5). La Ley de

Moisés también prohibía la usura y se le prohibía al prestamista cobrar intereses a los pobres (Ex 22:25). Además, prohibía a cualquier prestamista entrar en la casa de su deudor para recobrar o tomar prenda por lo prestado (Dt 24:10). Entre otras cosas, la narración sobre la viuda de Sarepta nos enseña que solamente se debe tomar prestado cuando estamos seguros de que podemos pagar la deuda contraída (2 R 4:3). Los judíos deportados se vieron en la necesidad de tomar dinero prestado para pagar sus tributos al rey, primero de Babilonia y luego de Persia. Para poder pagar sus deudas, tuvieron que venderse y vender a sus hijos como esclavos (Neh 5:4). Hoy, no solamente muchos individuos atraviesan por situaciones críticas debido a la alta tasa de endeudamiento que tienen, sino que hay muchos países que sufren la misma situación. La gente está literalmente esclavizada por sus acreedores. Los países latinoamericanos se han empobrecido en gran manera a causa de la deuda pública que han contraído sus gobernantes. Algunos de ellos no tienen ni aún para pagar los intereses, los cuales se acumulan al préstamo. Eso los obliga a pagar intereses sobre intereses, o lo que se denomina como interés compuesto.

La Biblia contiene otras enseñanzas muy buenas tocantes el crédito. Dice claramente que el que toma prestado es siervo del que presta y por eso los ricos se enseñorean de los pobres (Pr 22:7). La Biblia también dice que es un impío quien toma prestado y no paga (Sal 37:21). La persona responsable paga sus deudas. Establece que una de las consecuencias de la desobediencia es la deuda extranjera (Dt 15:6). Los países que tomar prestado se convierten en cola del país que les presta dinero (Dt 28:44). Por eso los teólogos estimulaban a los reyes a prestar a otras naciones y a no aceptar deudas externas (Dt 15:8). El salmista entendió que Dios es siempre nuestro acreedor. Él no nos debe nada, sino que nos da por misericordia (Sal 37:26). Por eso, el hombre de bien presta porque es movido a misericordia por Dios (Sal 112:5). Eso va acorde con la promesa que encontramos en el libro de Proverbios. El proverbista declara que Dios le presta para dar al pobre y el bien que hace se lo devolverá (Pr 19:17). Por eso dijo Jesús que no hay mérito en prestar cuando se espera recobrar lo prestado (Lc 6:34). El amigo verdadero da sin esperar recibir nada a cambio (Lc 11:5).

Todo lo anteriormente expuesto me lleva a concluir que el crédito no es malo en sí mismo. Por el contrario, puede convertirse en una bendición. Dentro de un sistema capitalista, el buen crédito es considerado un activo, quizá mejor que tener dinero en el banco. La maldad o bondad del crédito depende de la manera cómo lo utilizamos. Dentro de un sistema capitalista, aún las iglesias se ven en la necesidad de incurrir en préstamos para adquirir ciertos bienes.

Ahora bien, existen varios tipos de crédito, lo que requiere que prestemos atención a sus características, virtudes y peligros antes de solicitar uno de ellos:

- **Mercantiles o comerciales.** Un comerciante le abre crédito a un cliente para que este último pueda comprar a plazos su mercancía o adquirir sus servicios. Usualmente ese crédito no está asegurado, por lo cual el que presta asume mucho riesgo. Con la llegada de las tarjetas de crédito, este tipo de crédito ha pasado a ser un servicio en extinción.
- **Crédito para inversiones.** Un negocio adquiere dinero mediante las emisiones de bonos o de pagarés al portador para adquirir equipos o hacer nuevas inversiones.
- **Líneas de créditos rotativas.** Los bancos le conceden a las entidades y los individuos una reserva de dinero para uso de capital de trabajo. El problema con esas líneas de crédito es que hay que pagarlas anualmente. En el caso de la instituciones sin fines de lucro, ellas tienen que estar garantizadas por una o varias personas en su carácter personal.
- **Préstamos interbancarios.** Los bancos se hacen préstamos entre sí al interés prevaleciente en el mercado.
- **Préstamos personales al consumidor.** Son préstamos sin garantía colateral, también llamado préstamos de consumo. Los bancos son muy cautelosos en ofrecer este tipo de préstamos.
- **Tarjetas de crédito.** Ese sistema de crédito ha revolucionado el comercio. Esas tarjetas le conceden crédito al instante al poseedor de las mismas hasta un máximo establecido y que se concede según sus capacidades prestatarias. Actualmente se ha aprobado una ley para proteger

a los tenedores de esas tarjetas. Una iglesia con un buen crédito puede adquirir tarjetas de crédito para uso de sus pastores o pastoras.
- **Préstamos hipotecarios.** Esos préstamos están garantizados por propiedades inmuebles. Existen varios tipos de ellos, cada uno con sus ventajas y desventajas. Es prudente buscar varias alternativas antes de hacer este tipo de préstamos. El descalabro económico que sufre hoy la industria de bienes raíces tiene su base en los ofrecimientos que la banca le hizo a la gente para que obtuvieran sus propiedades. La banca hipotecaria se ha visto involucrada en muchos escándalos y algunas de ellas se vieron en la necesidad de irse a la quiebra.
- **Emisiones de bonos.** Los gobiernos emiten grandes cantidades de bonos usualmente para financiar la infraestructura de los países. Como los bonistas son acreedores, ellos velan por las calificaciones que las casas de corretaje les otorgan. Entre esas casas están: Moody y Standard & Poors (S&P).
- **Crédito internacional.** Son los préstamos que el Fondo Monetario Internacional le otorga a los países que experimentan graves dificultades económicas y financieras mediante fondos depositados.

El problema económico que atravesamos me obliga a dar espacio al asunto de las tarjetas de crédito. Las tarjetas de crédito pueden considerarse como líneas de crédito rotativas. Pero, estas no requieren ser saldadas al concluir cada año a menos que el tenedor de la misma incurra en algún tipo de delito o deje de pagarlas. Ellas son muy peligrosas en manos de compradores compulsivos. Por esa causa es que las sociedades puertorriqueñas y estadounidenses están tan endeudadas. Dado el hecho de que facilita la adquisición de artículos y servicios al instante que usted lo desea o necesita, los tenedores de tarjetas tienden a pasar por alto muchas cosas, entre ellas, los elevados intereses que cobran por el uso del dinero. Además, olvidan que a más alto sea el balance adeudado, mayor es el pago mínimo que hay que cubrir mensualmente. Le recomiendo leer con detenimiento las cláusulas del contrato de su tarjeta de crédito. Ellas aparecen en la parte de atrás de los estados de cuenta que le llegan mensualmente. Hoy se ha aumentado el número de ofrecimientos de tarjetas de crédito. Usted recibe por correo una enorme cantidad de ofertas de tarjetas preaprobadas, muchas de las cuales son verdaderos engaños.

Los pagos que se hacen a una tarjeta de crédito no son fijos, sino que varían de mes a mes. Los bancos computan mensualmente el pago mínimo que usted deberá enviar. Ese pago mínimo es equivalente a un treinta y seis (1/36) de la cantidad total adeudada (incluyendo los intereses acumulados). Veamos un ejemplo concreto para una mejor comprensión del funcionamiento de una tarjeta de crédito versus el uso de un préstamo personal o de consumo.

Suponga que usted tiene que adquirir un equipo cuyo costo es de $3,600. Ese equipo es imprescindible para llevar a cabo su tarea, pero usted no dispone del dinero al momento de esa necesidad. ¿Debe utilizar su tarjeta de crédito o acogerse a un préstamo personal o de consumo? Veamos ambas alternativas:

Obviamente, el préstamo personal resulta ser más costoso. Pero el uso sabio de la tarjeta de crédito en ese caso en particular, requerirá de lo siguiente:

	Tarjeta de crédito	Préstamo de consumo
Principal	$3,600.00	$3,600.00
Término de pago	3 años (36 meses)	3 años (36 meses)
Interés sobre principal	15%	15%
Pago mensual mínimo	(Varía de mes a mes. Primer pago sería igual a $145.00, según tabla)	$124.80
Costo por concepto de intereses	$832.50 si decide pagar en 36 meses	$892.80 a lo largo del préstamo
Costo real del equipo comprado	$4,432.50	$4,492.80
APR	7.71%	8.27%

1. Que usted pague su deuda en exactamente 36 meses o menos
2. Que usted no utilice más la tarjeta hasta que salde la totalidad de los $3,600
3. Que usted efectúe religiosamente su pago en o antes de la fecha de vencimiento

La siguiente tabla le permite entender el comportamiento de es deuda mediante el uso de una tarjeta de crédito:

Mes	Balance inicial	Cargo mensual de interés* estimado (15%/12)=0.0125	Pago establecido por usted (P=I)	Balance final de mes
1	3,600.00	45.00	145.00	3,500.00
2	3,500.00	43.75	143.75	3,400.00
3	3,400.00	42.50	142.50	3,300.00
4	3,300.00	41.25	141.25	3,200.00
5	3,200.00	40.00	140.00	3,100.00
6	3,100.00	38.75	138.75	3,000.00
7	3,000.00	37.50	137.50	2,900.00
8	2,900.00	36.25	136.25	2,800.00
9	2,800.00	35.00	135.00	2,700.00
10	2,700.00	33.75	133.75	2,600.00
11	2,600.00	32.50	132.50	2,500.00
12	2,500.00	31.25	131.25	2,400.00
13	2,400.00	30.00	130.00	2,300.00

14	2,300.00	28.75	128.75	2,200.00
15	2,200.00	27.50	127.50	2,100.00
16	2,100.00	26.25	126.25	2,000.00
17	2,000.00	25.00	125.00	1,900.00
18	1,900.00	23.75	123.75	1,800.00
19	1,800.00	22.50	122.50	1,700.00
20	1,700.00	21.25	121.25	1,600.00
21	1,600.00	20.00	120.00	1,500.00
22	1,500.00	18.75	118.75	1,400.00
23	1,400.00	17.50	117.50	1,300.00
24	1,300.00	16.25	116.25	1,200.00
25	1,200.00	15.00	115.00	1,100.00
26	1,100.00	13.75	113.75	1,000.00
27	1,000.00	12.50	112.50	900.00
28	900.00	11.25	111.25	800.00
29	800.00	10.00	110.00	700.00
30	700.00	8.75	108.75	600.00
31	600.00	7.50	107.50	500.00
32	500.00	6.25	106.25	400.00
33	400.00	5.00	105.00	300.00
34	300.00	3.75	103.75	200.00
35	200.00	2.50	102.50	100.00
36	100.00	1.25	101.25	
		832.50	4,432.50	

*Esa cantidad es estimada. Puede ser un poco menor o mayor

Como puede notar en la Tabla, su pago mensual para la tarjeta de crédito va disminuyendo, lo cual no sucede con el préstamo personal. Pero, para cumplir con lo que se establece en el ejemplo,

Conceptos básicos de finanzas

el deudor necesita ser muy consistente y poseer mucho dominio propio. Por lo regular, las personas siguen haciendo cargos a sus tarjetas de crédito y, tomando la línea de menor resistencia. Por eso incurren en el error de acogerse al pago mínimo establecido por el banco. Recuerde que para determinar el balance mínimo mensual, los bancos dividen el balance adeudado entre 36 meses. De esa manera, usted tarda años en satisfacer una deuda, si es que algún día termina de pagarla. A más tiempo se tarde en pagar, mayor será el monto de los intereses que le pague al banco. Por tanto, sugiero que se tomen en cuenta varias cosas al utilizar las tarjetas de crédito:

1. Los bancos calculan y capitalizan diariamente los intereses que cobran en sus tarjetas de crédito. Eso se conoce como Cargos por Financiamiento de la Tasa Periódica. El cálculo se hace dividiendo el por ciento anual de interés que el banco cobra entre 365 días que tiene un año regular. La persona de nuestro ejemplo tendrá un cargo de .000411 ó el .0411% diario sobre el balance total adeudado (.15 /365). El cargo es compuesto. Todos los días, el banco computa el interés y se lo suma al principal. Esto es, usted paga intereses sobre intereses.

2. En el pasado, uno tenía que tomar en cuenta las fechas de facturación, porque variaban debido a que los días de cada mes no eran fijos. Eso se debe a que hay meses de 28 ó 29 días (febrero), cuatro meses de 30 días (abril, junio, septiembre y noviembre) y siete de 31 días (enero, marzo, mayo, julio, agosto, octubre y diciembre) para un total de 365 días (366 si el año es bisiesto). Los ciclos de facturación de los bancos eran también variados, lo que hacía variar la fecha de cierre. Eso constituía un gran problema para los deudores, especialmente los que sufren de despiste. El deudor tenía que estar muy pendiente para evitar que se le pasara la fecha de vencimiento del pago. Cuando eso sucedía, el banco le hacía un cargo de $39 por concepto de pago tardío (*late payment*) y, además, le aumentaba la tasa de interés a nivel de usura (29.99% anual). Eso se acabó gracias a una ley que pasó el gobierno federal y la cual se hizo afectiva a partir del 13 de febrero de

2010. Fueron muchos los abusos que cometieron las instituciones financieras. Los exhorto a buscar información sobre el particular con el fin de que conozca sus derechos.

Otro es el caso con las tarjetas de crédito que otorgan las tiendas grandes por departamentos, las cuales cargan un interés de usura muy alto (26% anual). Y mucho cuidado con las nuevas ofertas de crédito que otorgan las tiendas: CERO pronto pago, CERO interés y CERO pago por un año o hasta dos. En ese caso, su acreedor le va acumulando mensualmente los intereses. Si al finalizar el período de gracia usted no paga la totalidad de la deuda, todos los intereses acumulados les serán sumados a la cuenta original.

Pero una tarjeta de crédito es una bendición en manos de personas que saben manejar bien sus finanzas. Usted tiene a su disposición un dinero que le permite hacerle frente a emergencias sin necesidad de tener que pasar por los procesos de pedir un préstamo bancario, lo que suele tomar tiempo y sujeto a la probabilidad de que se lo denieguen debido a que los bancos son muy cautelosos a la hora de asumir riesgos. Los préstamos personales tienen otras limitaciones: Pagan altos intereses, los cuales son cobrados primero, y tienen penalidades por pagarlos antes de su vencimiento.

Hoy ya no es como antes, cuando se necesitaba de una tarjeta de crédito para alquilar autos, pagar por estadías en los hoteles o comprar artículos por correo o por la Internet. Ahora se aceptan las llamadas tarjetas de débito, las cuales están sustituyendo las de crédito a pasos agigantados. Pero esas tarjetas también tienen sus limitaciones, peligros e inconvenientes. Primero, usted no puede gastar más de lo que tiene en el banco. Segundo, no tiene derecho a reclamar si la mercancía o el servicio que recibió no es lo que usted esperaba. Tercero, se prestan mucho al robo de identidad. Reclamar erogaciones no aprobadas es mucho más difícil cuando se trata de tarjetas de débito. Hay que ponderar todas esas cosas antes de usarlas para cantidades grandes.

Antes de tomar una decisión sobre el tipo de crédito que va a utilizar, debe ponderar las ventajas y desventajas de cada uno de ellos. Veamos:

Ventajas y desventajas del préstamo personal
1. Obliga al deudor a pagar cierta cantidad fija mensual por el término del préstamo
2. El interés establecido en el origen es fijo. No puede ser cambiado.
3. Los intereses se cobran durante los primeros pagos del préstamo. Eso implica que el principal se viene pagando casi al final del término del préstamo.
4. Está sujeto a unos requisitos para obtenerlo, lo que requiere mayor consumo de tiempo y esfuerzo.
5. Está sujeto a una penalidad si lo paga antes de la fecha de vencimiento.
6. La capacidad prestataria del deudor se ve limitada hasta el vencimiento de la deuda.
7. Conceden un período de gracia luego de la fecha de vencimiento del pago, pero luego de esa fecha se cobre una multa por pago tardío.

Ventajas y desventajas de la tarjeta de crédito
1. El pago mensual mínimo cambia de mes a mes, según el balance adeudado y el número de días de cada ciclo.
2. El interés puede ser modificado por el banco.
3. No hay días de gracia por pago tardío. Pasada esa fecha de vencimiento del pago, se le cobra una cantidad fija hasta un máximo fijado por el banco.
4. Puede saldar la cuenta en cualquier momento sin penalidad de ninguna clase.
5. No requiere aprobación previa a menos que la cantidad de la compra sobrepase su límite de crédito.
6. El balance que queda disponible en la línea de crédito se computa de mes a mes.
7. Si se acoge al pago mínimo, la deuda puede extenderse por años.

Ventajas y desventajas del préstamo hipotecario
1. El costo de la deuda es alto. Hay que pagar gastos de cierre, contribuciones, tasaciones, estudio de títulos de la propiedad y otros.

2. La propiedad queda hipotecada hasta el saldo del préstamo. Dicha propiedad no puede venderse a menos que se pague el préstamo en su totalidad.
3. Se otorgan por períodos no menor de 10 años.
4. Al igual que sucede con los préstamos personales, los intereses se cobran primero. La capitalización viene al final.
5. Hay una penalidad si el préstamo se salda antes de los dos primeros años de otorgarse.
6. El pago mensual es fijo y, al igual que sucede con los préstamos de consumo, tienen un período de gracia. Pero existe una penalidad por pago tardío.
7. Los pagos sobre el principal son capitalizables.

Ventajas y desventajas de los arrendamientos

El arrendamiento (en inglés, *leasing*) es muy utilizado por la empresa privada debido a sus ventajas contributivas. Sin embargo, no es aconsejable para las instituciones sin fines de lucro, como sucede en el caso de la iglesia, a menos que se trate de un equipo que, además de ser muy costoso, requiera ser reemplazado dentro de un término menor de cinco años. Un buen ejemplo lo son las máquinas fotocopiadoras de alto rendimiento. Además de que su mantenimiento es costoso, suelen caer en la obsolescencia. La ventaja mayor de un arrendamiento está en el asunto del pronto pago, si se exige alguno. Si bien es verdad que el pronto pago suele ser sumamente bajo comparado con la compra, en ocasiones, ese activo puede tener un balance residual el cual hay que satisfacer o refinanciar al final del término del arrendamiento. Es en ese momento cuando se hace más caro que un préstamo convencional de auto. Además, el pago mensual de arrendamiento, especialmente cuando no se ofrece un pronto pago, es mucho más alto que cuando se compra el activo. Es casi imposible deshacerse de un arrendamiento. Si queremos deshacernos de un equipo o vehículo de motor que está en arrendamiento, tenemos que ocuparnos de buscar una persona que esté dispuesta a adquirir la cuenta, lo cual está sujeto a que cualifique al banco.

El ahorro

Ahorro es ausencia de consumo. El ahorro se consigue dejando de gastar en forma sistemática una cantidad de dinero de los ingresos disponibles y reservándola para una futura eventualidad. Ese concepto suele relacionarse con las inversiones, pero no necesariamente son sinónimas. Los ahorros se convierten en inversiones cuando se utilizan para comprar bienes que aprecian. Es decir, aumentan su valor con el correr del tiempo y hasta pueden devengar ganancias futuras. Empero, no son inversiones.

Usted debe mantener una reserva de dinero para enfrentar emergencias o para gastar en bienes sujetos al deterioro. Eso nos demuestra la importancia de conocer bien dónde se colocan dichos bienes. Las inversiones siempre conllevan el riesgo de perderlas, sea de forma parcial o total. Por darle un ejemplo, aunque se dice que una de las mejores inversiones es la compra de propiedades inmuebles, hemos visto como han perdido su valor en el estado de la Florida. Los huracanes que han afectado esa zona en los últimos años han dado lugar a la venta masiva de las mismas. El miedo ha provocado una avalancha de ventas y, por consiguiente, está ocurriendo una reducción en los precios, porque la oferta es mayor que la demanda. Esa es noticia mala para los tenedores de propiedades inmuebles que se ven en la necesidad de venderlas debido a la pérdida de valor y también de ingresos. Pero son buenas noticias para aquellas personas que tienen dinero disponible, ya que pueden comprar esas propiedades a precios bien bajos. Como dice el refrán: «Río revuelto, ganancia de pescadores». Tal es el comportamiento de la oferta y la demanda.

Ahora bien, mantener grandes cantidades de dinero en cuentas de ahorro en bancos tiene también sus peligros y desventajas. Primero, el poder adquisitivo del dinero se ve afectado por los vaivenes de la economía. Segundo, los intereses que pagan los bancos son ridículamente bajos en épocas inflacionarias. Por consiguiente, esos intereses son insuficientes para cubrir el aumento en los precios de los artículos. Por esa causa es que resulta negativo posponer la compra de algunos bienes inmuebles. Por lo tanto, si usted dispone de ahorros suficientes para cubrir su fondo de emergencia, bien puede utilizar el exceso para comprar o construir una casa o un templo, porque si se pone a esperar a tener todo el dinero puede darse el caso que nunca logre su sueño, porque los precios aumentan más rápidamente que las tasas de interés. Es preferible en esos casos adquirir la propiedad mediante préstamos hipotecarios. Antes, los bancos se negaban a otorgarles préstamos hipotecarios a las iglesias. Pero hoy esa situación ha cambiado. Por lo regular, los bancos ofrecen préstamos hipotecarios a iglesias que pertenecen a denominaciones sólidas que tienen a su haber un buen historial crediticio.

La salud financiera de cualquier país depende en gran manera de la capacidad de sus habitantes para mantener una sana actitud hacia el ahorro. Podríamos decir lo mismo de las iglesias. En el pasado, los estadounidenses solían ahorrar un promedio del quince por ciento (15%) de sus ingresos disponibles. Hoy el grado de endeudamiento de esa nación es enorme. ¡Y ni hablar de la deuda de los puertorriqueños! El consumismo ha provocado que estemos gastando los recursos de las generaciones futuras. Si alegamos que la mayor parte de la población de los Estados Unidos y sus posesiones es cristiana, ¿qué hemos hecho con las enseñanzas bíblicas? La Biblia nos ilustra un extraordinario caso de ahorro productivo en la persona del patriarca José. Este hombre, entendido en materia económica, sabía que cualquier bonanza es precedida por la escasez. Por eso mandó a construir unos graneros, los cuales llenó de trigo durante la época de abundancia. Su acción salvó al pueblo egipcio y a los israelitas de morir de hambre durante la sequía que afectó esa comarca.

Comparto una nota final de advertencia. Hay que separar la acción de ahorrar saludablemente de la acción de ahorrar miserablemente. La parábola del rico insensato narrada por Jesús nos permite reflexionar sobre el particular. Ese hombre tuvo como único propósito en su vida ahorrar dinero para disfrutar de bienestar en su vejez (Lc 12:16-20). El problema planteado en la parábola no está en hacer provisión para la vejez. El libro de Eclesiastés dice claramente que es necesario acordarse de Dios cuando aún se es joven y no han llegado los días malos (Ec 12:1). Parafraseando lo anterior, yo digo que hay que hacer provisión para retirarse con dignidad. Eso es altamente recomendable y todo el mundo debería prestar atención al asunto. Recuerde que el seguro social le proveerá no más de un 30 por ciento de los ingresos que actualmente usted genera. Si usted quiere mantener su mismo estilo de vida cuando se retire, es necesario complementar sus ingresos de la vejez con otras inversiones para el retiro, tales como cuentas de retiro personal (IRAs), planes de pensiones 401K, y anualidades, entre muchas otras alternativas. Sin embargo, como nadie sabe el día ni la hora de su muerte, es una necedad posponer el disfrute de un bien en el presente pensando que lo disfrutará cuando llegue a viejo. No se trata necesariamente de morirnos, sino que la vejez nos impone muchas limitaciones físicas. Sin embargo, eso no invalida la importancia de aprender a posponer gratificaciones que pueden esperar con el fin de mantener una reserva saludable y cumplir con todas nuestras necesidades económicas.

Las inversiones

Como dije anteriormente, la mejor inversión que puede hacer una iglesia es en la educación de sus miembros. Los pastores y las pastoras que ponen énfasis en la educación suelen experimentar menos problemas de conducta en sus feligreses que aquellos que son negligentes en el ejercicio de ese ministerio. Además, las congregaciones cuya feligresía tiene un alto nivel educativo son las que mejor logran influenciar su ambiente. Ahora bien, hay otros tipos de inversiones y existe una gran canasta de ellas. Las iglesias que tienen fondos consignados para proyectos especiales al largo plazo deben buscar la manera de invertir ese dinero de manera que les pague un interés mayor al que pagan las cuentas de ahorros regulares. Pero se debe tener mucho cuidado con ese tipo de inversión. Si le llegan ofertas de inversión, es importante buscar el debido asesoramiento de una persona experta en la materia que sea de entera confianza. Siempre tenemos contadores y economistas dentro de nuestras congregaciones, a quienes debemos consultar.

La compra de equipos y vehículos de motor no constituyen inversión alguna. Tales cosas están sujetas al deterioro, por lo cual la ley permite que sus costos se distribuyan por los años de vida útil y hasta un máximo de 5 años. La persona u organización se puede acoger a uno de dos métodos de computación de la depreciación: fijo o variable. Una vez se acoge a un método, no puede cambiar para otro. Sin embargo, dado el hecho de que las iglesias no tienen que rendir informes contributivos ni pagar contribución sobre ingresos, no se les exige mantener sistemas de depreciación. La pregunta que surge es: ¿Valdrá la pena que la iglesia compre en efectivo vehículos de motor u otros equipos costosos? La respuesta dependerá de la situación financiera de cada iglesia. Si la iglesia tiene suficiente dinero para realizar la compra sin afectar sus reservas normales, ¿qué razón tendría para meterse en un préstamo que le exigiría pagarle intereses al banco? No obstante, comprar tales activos en efectivo conlleva unos riesgos que también se deben ponderar. Aún en el caso que se compre un seguro para proteger el vehículo o el equipo, usted puede perder bastante dinero en el caso de pérdida por robo o accidente. Para la pastoral, eso es muy conveniente. La iglesia puede asumir la responsabilidad de la cuenta, lo que arroja dos ventajas para el pastor ya que no afectaría su nivel de endeudamiento. Podría surgir un problema si el pastor renuncia o se jubila antes de concluir el período de arrendamiento. En ese caso, conviene que se ponga por escrito un acuerdo de pago y transferencia del equipo.

4

DINERO: LO QUE DICE LA BIBLIA Y CÓMO OBTENERTLO

La historia del dinero se remonta a la antigua Mesopotamia, aproximadamente hacia el año 2,500 antes de la era cristiana. Ante la dificultad de emplear el trueque como medio de intercambio económico, los antiguos comerciantes se vieron en la necesidad de crear un sistema más sofisticado. Así surgió el dinero, elemento que ha pasado por un largo y complicado proceso de desarrollo. Antes de que se inventara el papel y las monedas, otros artículos fueron utilizados como dinero. Por ejemplo, los chinos utilizaron el arroz y las herramientas pequeñas, en Nueva Guinea se utilizaron los dientes de perros y en Ghana utilizaron los guijarros o piedrecillas chinas.

El dinero es clasificado en tres categorías: En primer lugar, aquel cuyo valor nominal es idéntico a su valor real (en inglés recibe el nombre de *commodity money*). Un ejemplo de ese tipo de dinero fue acuñado por los Estados Unidos, los cuales emplearon hasta el 1933 un sistema monetario conocido como «patrón oro». Todas sus monedas eran hechas de algún metal valioso como el oro, la plata, el bronce y el cobre las cuales tenían el mismo valor del metal. Su papel moneda tenía un respaldo idéntico al de su valor nominal. El evento de la «Gran Depresión» dio al traste con ese sistema. Todavía en este siglo se encuentran personas que tienen posesión de monedas de oro acuñadas por Estados Unidos, España y otros imperios del pasado. Ese tipo de dinero está en total desuso hoy por razones económicas muy obvias. Aún recuerdo las pulseras que se hacían de monedas de plata. Esa práctica se hizo ilegal.

En segundo lugar, existe la moneda basada en la credibilidad económica del país o institución que la emite. En inglés recibe el nombre de *credit money*. Ese es el tipo de dinero que es utilizado en la actualidad, incluyendo a los Estados Unidos, y que se creó para suspender la práctica que existía de cambiar el dinero emitido por el gobierno por los metales que lo respaldaban. En este caso, el valor nominal del dinero está muy por encima del valor del material de lo cual está hecho (su valor real). El valor del dinero se basa en la posición crediticia de un país. Por esa causa es que cambian constantemente las tasas de intercambio.

En tercer lugar, está el dinero que se emite cuando un gobierno atraviesa por alguna situación económica crítica. En ese caso, el dinero emitido se basa en la credibilidad que tiene la gente en su gobierno. En lo que en inglés se conoce como *fiat money*. Un ejemplo de tal emisión de dinero ocurrió en el siglo 19 en los Estados Unidos durante la Guerra Civil. El gobierno emitió una moneda conocida como *greenback*. Este tipo de conversión se ha dado en países que atraviesan por una severa crisis económica. Si la emisión de papel moneda que se hace en esos casos no es excesiva, la gente suele sentirse segura. Pero si la emisión es exagerada o se prolonga por mucho tiempo, la moneda de curso legal de un país termina por devaluarse. Eso le ocasiona al país una crisis económica a nivel internacional. Sea como sea, todos los ciudadanos de un país vienen obligados a aceptar el dinero de curso legal que emiten sus gobiernos para cubrir todas sus transacciones comerciales (ver el capítulo 7, Principios de administración).

La gente suele decir que si tuviera mucho dinero podría hacer muchas cosas, inclusive dejar de trabajar. El problema es que "el mucho" es algo indefinido. Depende del estilo de vida que ostenta cada cual. Otra cosa es que cuando tenemos dinero, no pensamos en que lo podemos perder, y cuando lo perdemos, pensamos que no podremos recuperarlo jamás. La realidad es que todo el mundo le pide a quienes tienen mucho dinero. Por eso la Biblia dice que cuando aumentan las ganancias, aumentan los que las consumen

(Ec 5:10). Pero si perdemos todas nuestras riquezas, todo el mundo se nos quita del lado por miedo a que le pidamos.

El dinero está fabricado de un material resistente, para que dure mucho, ya que se pasa de mano en mano. Eso lo convierte en algo tan asqueroso que nadie con salud mental se le ha ocurrido la idea de adobarlo con sal, aceite y vinagre y comérselo. Pero todo el mundo reconoce lo importante que es tenerlo como compañero de viaje. No solamente eso, sino que no nos molesta si alguien nos ve caminando con «don dinero». Si no nos preocupa gastar el dinero, la gente nos tilda de ser derrochadores. Pero si lo ahorramos, entonces nos tildan de ser miserables.

Algo más lamentable tocante al dinero ocurre dentro del ambiente eclesiástico. Para algunos cristianos, los pastores y las pastoras no deben hablar del tema del dinero porque es un tema prosaico que le resta espiritualidad el mensaje bíblico. Entre ese grupo están los que piensan que con la sola fe se pueden lograr grandes cosas, ya que Dios es el dueño de la plata y el oro. Por eso se embarcan en proyectos descabellados que terminan por frustrarlos y aun apartarlos del camino del evangelio. En fin, hablar de dinero no deja de ser algo paradójico. Además, nuestra relación con el dinero es patológica. Sabemos que no tiene valor real y que hasta nos puede hacer mucho daño, pero lo deseamos.

Permítanme decirlos que el dinero tampoco es bueno ni malo en sí mismo. Su bondad y maldad dependen del lugar que le damos dentro del contexto de nuestra existencia. Lo único que podemos afirmar sobre el dinero es que su uso facilita la compra y venta de bienes y servicios dentro de cualquier sistema económico. Podemos ver entonces que es un tema fascinante, amplio, complejo y de gran relevancia para la vida humana. Es tan pertinente el tema del dinero que toda la Biblia habla ampliamente sobre el particular. Inclusive el propio Jesucristo instruyó a sus discípulos sobre el difícil arte de administrar el dinero y sobre el aún más difícil arte de darlo a manos llenas. Por eso la iglesia nunca debe descuidar esas enseñanzas las cuales, como veremos, emanan de la Biblia. Voy más lejos al indicar que ese descuido es responsable en parte del endeudamiento que tienen muchos cristianos y cristianas y la crisis económica por la cual atraviesan muchas congregaciones.

Significado del dinero en el Antiguo Testamento

Los judíos eran personas materialistas. Sin embargo, entendieron que ellos tenían el deber de contribuir al mantenimiento del templo y al sostén de la tribu, pues tenían la encomienda de mantener estas instituciones funcionando con efectividad. Una buena parte de los ingresos para los levitas provenía de las ofrendas que la gente daba. Esas ofrendas se clasificaban de varias maneras: granos, carne, la piel de los animales ofrecidos en holocausto y dinero. Puede sonar que el diezmo era una cantidad exagerada, pero debemos recordar que a la tribu de Leví no se le asignó territorio por herencia. Por tanto, los levitas no tenían otra fuente de ingreso fuera de las contribuciones ofrecidas por la gente. Ellos dependían de la fidelidad del pueblo. Los levitas se dedicaban por entero a las cosas sagradas, incluyendo la tares de enseñar. Los profetas como Hageo y Malaquías tronaron contra los judíos que descuidaban este mandato divino (véase Hag 1: 2-11 y Mal 3:6-10).

Por otro lado, la gente no estaba obligada a hacer votos de ofrendas, excepto los relacionados con el diezmo regular, los primeros frutos y la consagración de los primogénitos. Todas las demás ofrendas eran voluntarias. Sin embargo, cuando hacían votos, debían cumplirlos (Ec 5:2-7; Pr 20:25). Por las siguientes razones, los profetas veían el dinero como un elemento con muchas desventajas, tales como:

1. Nunca satisface a los codiciosos que mientras más tienen, más quieren
2. Atrae a un círculo de personas dependientes.
3. Perturba la paz de quien lo tiene.
4. No garantiza la felicidad de quien lo posee.

Principios claves sobre dinero en el Nuevo Testamento

Me dediqué a buscar y relacionar una gran cantidad de citas bíblicas en torno al dinero, lo que me permitió construir una tabla de principios básicos. Estos son los siguientes:

1. El ahorro no consiste en guardar grandes sumas de dinero, sino en realizar inversiones que dejen buenos dividendos (véase la Parábola de los talentos en Mt 25:14-29).
2. El manejo del dinero puede tornarse peligroso en manos de gente corrupta. Los corruptos le dan al dinero una finalidad propia y no les importa explotar al prójimo para obtenerlo (Mt 18:24-25,30; 21:12; 27:7-10; 28:15; Lc 3:12-14).
3. El amor al dinero nos puede ocasionar aún la misma muerte. (Hch 1:17; 5:1-10)
4. Dios no desecha a los ricos por tener riquezas, pero desecha a los ricos que ponen su confianza en el dinero. El dinero no puede salvar a nadie (Mt 19:16-23).
5. No se puede servir a Dios y a las riquezas simultáneamente. Sin embargo, debemos ser astutos manejándolas, tal como lo hace la gente del mundo (Lc 16:1-14).
6. La finalidad de la vida no consiste en hacer dinero (véase la Parábola del rico insensato; Mc 4:18; Lc 12:32; Heb 13:5-6; y Stg 4:13-17; 5:1-4).
7. No existe equidad en el mundo en cuanto a la distribución de las riquezas. Algunas personas tienen más habilidad que otras para hacer dinero. No debemos enojarnos con Dios por esa realidad (Mt 20:11,14-15).
8. Es un deber ciudadano pagar las contribuciones al gobierno (Mt 17:27).
9. No debemos vivir con ansiedades en cuanto a cómo vamos a conseguir el dinero necesario para realizar la obra que el Señor nos encomienda (Mt 10:9; Jn 6:7). Sin embargo, eso no descarta la importancia de una buena planificación (Lc 14:28-29; Lc 22:36).
10. El filántropo no es aquella persona que da de lo que le sobra, sino que practica el arte de dar independientemente de lo mucho o poco que posee (Mt 26:9; Mc 12:41; Lc 8:3; 10:35; Hch 2:44; Hch 4:37; 11-29; Ro 15:25-29; 1 Co 16:1-4; 2 Co 9:10-12; 11:715; 12:11-13)
11. El poder de Dios es más valioso que todo el dinero del mundo (Hch 3:3).
12. La misericordia comienza por casa (Mt 15:16).

13. No siempre se puede comprar la salud física con dinero (Mc 5:21-34).
14. El dinero que se pierde en vicios jamás se recobra (Lc 15:11-17).
15. El ministerio no fue establecido para enriquecerse (Jn 10:11; 1 Tes 2:4-10; 3:1-3,8; Tit 1:10; 1 P 2:2-3, 14-15; 5:2; Jud 11:11).
16. Aunque el ministerio no es para enriquecerse, tampoco tiene como finalidad empobrecer a quienes lo ejercen (1 Co 16:1-4; 2 Co 8:12-15).
17. Los pastores y pastoras no deben tener la carga de llevar el presupuesto de la iglesia (Hch 6:2).
18. Los dones y ministerios no se compran con dinero (Hch 8:18; 16:16-19).
19. El obrero es digno de su salario. Los siervos y siervas de Dios deben ser adecuadamente recompensados por su labor (Hch 20:33-35; Ro. 4:4).
20. El trabajo no es un castigo de Dios, sino una bendición (Ef 4:28). Dios reprueba la pereza (Pr 6:6-11).

En definitiva: el dinero

- compra una casa, pero no compra un hogar.
- compra medicina, pero no compra la salud.
- compra influencias, pero no compra a un verdadero amigo.
- compra la instrucción, pero no la educación.
- compra la alegría pasajera, pero no compra el gozo del Señor.
- compra el silencio, pero no la paz.
- compra una vida frívola, pero no compra la vida eterna.

Las fuentes de obtención de dinero

En esta vida existen cuatro maneras de obtener dinero:

1. Realizando una tarea productiva y legal.
2. Tomando prestado.
3. Robando (incluyendo la corrupción) o realizando actividades delictivas.
4. Pidiendo limosnas.

La parábola del mayordomo infiel destaca esas fuentes. El mayordomo, quien no solamente defraudó a su amo, sino que también defraudó a los clientes de su amo, se dio cuenta que ya no podía trabajar y le daba vergüenza pedir limosnas. Además, ¿quién le iba a prestar dinero a un bribón como él? Por eso usó de la astucia y, al final, apareció como un benefactor a los ojos de aquellos a quienes engañó. El Señor no alabó al bribón por sus fechorías, sino por su astucia en la toma de decisiones.

Cómo y para qué recaudar dinero

Reconozco que es algo neurálgico para los pastores y pastoras hablar de dinero dentro del marco de las congregaciones. Empero, algunos no lo hacen. Como bien he explicado a lo largo de este libro, eso se debe a la mala idea de que hacer tal cosa le resta espiritualidad a la labor ministerial. Sin embargo, la gente espera que las congregaciones marchen bien y para lograrlo ponen su mirada en la figura pastoral. La pregunta a hacerse es: ¿Cómo recaudar dinero si no lo pedimos? Pero más que nada, ¿cuál es la mejor manera de estimular las ofrendas? Esas dos preguntas conforman el «arte de dar».

Recuerdo que tres meses después de comenzar mi trabajo pastoral, un miembro de la mesa directiva o junta de oficiales de nuestra congregación se acercó a mí y me confesó que estaba sorprendido porque las ofrendas iban en aumento a pesar de que yo nunca predicaba sobre el diezmo. Le expliqué que yo hablaba de dinero todo el tiempo sin necesidad de mencionarlo. Desde el inicio de mi trabajo pastoral me ocupé de explicarle a la congregación cuál era nuestra misión. Dios nos había llamado para levantar una obra. Hacer tal cosa requería de tiempo, dinero y esfuerzo. Ofrecí varios sermones y estudios bíblicos sobre los libros de Hageo, Esdras y Nehemías. Esos libros nos permiten entender que realizar una obra requiere de una buena planificación. Jesús los enfatiza en su parábola del constructor de una torre. Teníamos que confiar en la promesa del Señor de que él proveería todo lo que hacía falta para la obra. Ese dinero lo pondría el Señor en manos de los miembros de la iglesia y ellos tenían la responsabilidad de contribuir para la obra. Todo eso fue creando un gran espíritu de unidad y sentido de pertenencia. La gente se identificó con la obra y comenzó a ofrendar aún sin yo pedírselo. Desarrollé una gran confianza en ellos hacia mi persona como administradora de los bienes de la iglesia. Nunca les mencionaba mis problemas económicos, aunque en ocasiones fueron críticos.

Eduqué a la junta de la iglesia a dar informes detallados a la congregación de todas sus gestiones por lo menos dos veces al año, incluyendo lo relacionado con los asuntos financieros. Esos informes se daban por escrito y siguiendo la misma rigurosidad de los informes que se hacen en el mundo corporativo. No había secretos ni componendas. Todo el mundo sabía lo que se recibía y lo que se gastaba. Cuando el crecimiento de la feligresía hizo pequeño el lugar de adoración, se hizo una asamblea para recoger las ideas y recomendaciones de la gente, lo que ocasionó un voto unánimemente para comprar un terreno y construir un templo. Fue entonces cuando nos movimos a hacer nuestra primera campaña de recaudación de fondos. Los resultados obtenidos fueron extraordinarios. Recibimos mucho más de lo que habíamos estimado. En una ocasión les ofrecí una campaña de mayordomía integral, la cual tuvo una duración de un mes. Dichas campaña incluyó el ofrecimiento de talleres sobre salud, física y mental, conservación ambiental, manejo de las finanzas personales y familiares y otros. En esa campaña participaron todos los miembros de la iglesia y se trajeron recursos de entidades bancarias y gubernamentales. Fue muy exitosa.

No siempre nuestra congregación disfrutó de bonanza económica. Hubo ocasiones en que las ofrendas mermaron por diversas razones. En esos casos, asumimos una actitud muy acertada. No hicimos esfuerzo alguno para aumentar los recaudos, sino que nos enfocamos en la disminución de los gastos variables y la eliminación de los gastos superfluos. Era momento de poner en práctica la enseñanza del apóstol Pablo, quien aprendió a vivir según su situación, tanto en abundancia como en escasez. El control presupuestario jugó un papel vital en ese proceso. Sin embargo, jamás la mesa directiva incurrió en la acción de disminuir o dejar de pagar el salario pastoral. Considero poco ético que, sin su consentimiento, se le reduzca al pastor su salario por razones de reducción en los recaudos de la iglesia. En el mundo del trabajo, es ilegal hacer tal cosa. El obrero es digno de su salario.

El asunto de levantar fondos fue un tanto diferente cuando años después decidí embarcar nuestra iglesia en el desarrollo de un centro de servicios educativos para la comunidad. De esa manera, logré que nuestra iglesia entrara en una nueva dimensión financiera: la filantropía. La junta de oficiales asignó la cantidad de $25,000 para sufragar los gastos de organización y desarrollo del proyecto. Fue un gran reto para mí, lo que me exigió convertirme en una recaudadora de fondos (actividad que en inglés se conoce como «fund raising»). Nuevamente pude ver el funcionamiento de la ley espiritual de «dar para recibir». El Señor me dio las fuerzas y la capacidad para lidiar con mi nuevo rol sin descuidar mi trabajo pastoral. La energía que recibía diariamente me afirmaba la voluntad de Dios. Con la ayuda de mi esposo y de otras personas poseedoras de gran experiencia dentro de ese campo, aprendí lo necesario, incluyendo la preparación de propuestas para solicitar fondos del gobierno federal de los Estados Unidos y para otras entidades filantrópicas privadas. Eso último es un arte y una ciencia. Recuerdo que muchos miembros de la congregación ponían en duda la ley espiritual que rige el «arte de dar» dentro de otros contextos. Por esa causa, algunos de ellos me profetizaron un tremendo fracaso. Perdí la cuenta de la cantidad de libros y artículos de revistas que leí sobre la recaudación de fondos. Aunque le saqué provecho a tales cosas, la fe, el esfuerzo y la perseverancia fueron los tres elementos claves que me permitieron echar ese proyecto hacia delante. Hoy ese centro goza de gran prestigio y ha servido de inspiración para el desarrollo de muchos otros.

Mis nuevas experiencias me permitieron entender las diversas razones por las cuales la gente da dinero. Ese conocimiento es básico, no solamente para recaudar fondos para proyectos, sino para levantar fondos para las iglesias. La gente da por una o varias de las siguientes razones:

1. La persona entiende la causa y está comprometida con el propósito para la cual se les pide dinero.
2. Es la manera de identificarse con algo o con alguien.
3. Porque siente simpatía por la persona que levanta fondos.
4. Porque confía en la persona que le pide.
5. Por miedo, sea cual sea el objeto del mismo.
6. Por salir del paso.
7. Para acallar la conciencia.
8. Por una emoción pasajera producto de la manipulación.
9. Para ganar poder dentro de la organización.

10. Para obtener reconocimiento público.
11. Porque lo exige la ley.
12. Es una manera de lavar dinero.

Resulta muy difícil identificar las razones particulares de cada dador. Eso solamente lo conoce el Señor. Por eso tomé en cuenta el consejo que el apóstol Pablo les hizo a los cristianos cuando se confrontaron a la controversia sobre la compra de carne en los mercados paganos. ¿Era o no la carne proveniente de animales sacrificados a los ídolos? Pablo les dijo: No pregunten, cómprenla y cómansela. Por tanto, aconsejo no preguntarle a la gente las razones que tienen para dar. Sin embargo, nunca debemos aceptar dinero cuando de seguro sabemos que proviene de fuentes ilícitas. Tampoco debemos manipular o dejarnos manipular con el fin de obtener fondos. Acceder a recibir dinero a cambio de favores políticos es un delito. Esas tres cosas son extremadamente peligrosas y menoscaban la integridad del peticionario. Indudablemente, la mejor causa para dar es el compromiso que se tiene hacia algo o alguien. El diezmo debe caer dentro de esa categoría. Los cristianos ofrendamos porque entendemos que el dinero hace falta para que la iglesia, como institución humana, pueda realizar la misión que el Señor le encomendó de ir por todo el mundo a predicar el evangelio y hacer visible el reino de Dios. El diezmo se computa partiendo del dinero neto que la persona recibe porque no se puede dar lo que no se tiene. Pero la iglesia debe hacer buen uso y ofrecer cuentas claras de todos los recursos que recibe. El presupuesto es la manera más efectiva de lograr esos propósitos.

5

El manejo del presupuesto

Se le llama presupuesto al cómputo anticipado de los ingresos y gastos de una actividad económica ya sea personal, familiar, un negocio, una empresa, una oficina, una iglesia, durante un período, por lo general en base anual. Es un plan de acción dirigido a cumplir una meta prevista, expresada en valores y términos financieros. Esta meta debe cumplirse en determinado tiempo y bajo ciertas condiciones previstas; este es un concepto que se aplica a cada centro de responsabilidad en la organización. Elaborar un presupuesto permite a las empresas, los gobiernos, las organizaciones privadas o las familias establecer prioridades y evaluar la consecución de sus objetivos. Para alcanzar estos fines, puede ser necesario incurrir ocasionalmente en **déficit** (cuando los gastos superan a los ingresos) o, por el contrario, puede ser posible ahorrar, en cuyo caso el presupuesto presentará un **superávit** (cuando los ingresos superan a los gastos).

En el ámbito organizacional, el presupuesto es también un documento o informe que detalla el costo que tendrá un servicio en caso de realizarse. La persona o la organización que prepara un presupuesto se debe atener a él, y no puede cambiarlo porque las circunstancias aparezcan ser favorables. El presupuesto puede considerarse una parte del clásico ciclo administrativo que consiste en planear, actuar y controlar o, más específicamente, como una parte integral del sistema administrativo. Lo importante no es tan sólo aprender a prepararlo, sino ajustarse al presupuesto para que rinda buenos frutos. Esto último impone el tener disciplina. El control presupuestario es el proceso de descubrir qué es lo que se está haciendo, comparando los resultados reales con los datos presupuestados para verificar los logros o remediar las diferencias. Los presupuestos pueden desempeñar tanto roles preventivos como correctivos dentro de la organización.

El presupuesto consiste en fijar los estimados de ingresos, basados en los ingresos del año inmediatamente anterior, eliminando todas aquellas partidas extraordinarias que existieron en ese periodo. Se le va añadiendo las partidas que estimamos habrán de existir en el periodo a presupuestar para asegurar así un flujo de efectivo adecuado para el estado económico y real de la empresa o familia.

El presupuesto comprende lo siguiente:

- Los ingresos estimados que habrán de recibirse (el total bruto sin descontar gastos).
- Los egresos o desembolsos (para determinar el líquido o neto disponible).
- El flujo neto (diferencia entre ingreso y egresos).

El estimado de las cantidades analizadas surge del análisis de los estados o informes financieros básicos, que en el caso de una organización son:

1. El Estado de Situación
2. Informe de Ingresos y Gastos
3. Informe del Flujo de Efectivo

El estado de situación

Las iglesias, exceptuando el caso de los cuerpos denominacionales, no suelen preparar estados de situación. Sin embargo, es importante para toda persona que tome decisiones aprender a leerlos. Podemos representar su comportamiento mediante la siguiente fórmula:

$$\text{ACTIVOS} = \text{PASIVOS} + \text{CAPITAL}$$

Los activos son todas aquellas cosas que una persona u organización posee, sean tangibles o intangibles, y a las cuales se les asigna un valor monetario.

Los pasivos son las obligaciones, que corresponden a todas las deudas que se tienen en un momento dado, sean a corto o a largo plazo.

El capital es el balance de los activos después de restar las deudas, lo que se conoce como el patrimonio de los dueños en el caso de un negocio. El capital se incrementa a medida que los activos superan el monto de deudas.

El estado de ingresos y gastos

Este estado se representa mediante el uso de la siguiente fórmula:

INGRESOS – GASTOS = GANANCIA (PÉRDIDA)

Los ingresos son todas aquellas entradas de dinero que una persona u organización recibe regularmente en un periodo de doce meses. Estos son clasificados en dos grandes categorías:

1. **Ingresos recurrentes:** Son aquellos que se reciben de forma regular y que conforman las operaciones habituales de un individuo u organización. Por ejemplo, los individuos que son asalariados o están jubilados solamente cuentan con ingresos recurrentes. Esos ingresos suelen ser fijos por un determinado período de tiempo. Si se trata de una iglesia, son recurrentes los diezmos y las ofrendas regulares que son utilizadas para operar los diversos ministerios.
2. **Ingresos no recurrentes:** Son aquellos ingresos ocasionales. En el caso de los individuos pueden ser aquellos relacionados con premios por alguna excelencia o labor extraordinaria realizada, una herencia o un legado recibido, o un regalo, entre otros. En el caso de las iglesias usualmente se relaciona con campañas diseñadas para levantar fondos, para sufragar los costos de proyectos especiales que no tienen que ver con el funcionamiento de los ministerios normales de la iglesia o ingresos provenientes de la venta de activos. Los ingresos no recurrentes no deben ser tomados en consideración al momento de preparar el presupuesto ordinario a menos que no exista conocimiento del evento extraordinario de antemano y se presupueste a su vez los gastos o desembolsos extraordinarios asociados a éste.

Las erogaciones o desembolsos

Es necesario ordenar las erogaciones de acuerdo con la estructura básica del sistema económico existente para ajustar así los resultados de las transacciones y de esa manera analizar los efectos de las actividades llevadas a cabo en la empresa o en el hogar. Al igual que sucede con los ingresos, las erogaciones o desembolsos tienen su propia clasificación. Veamos:

- **Gastos corrientes:** Son los gastos de consumo o producción, aquellos relacionados con las operaciones ordinarias, o sea de día a día.
- **Inversiones de capital:** Son los desembolsos destinados a la inversión real y las transferencias de capital.
- **Repago de las deudas contraídas:** Esto, al igual que la partida anterior, no corresponde a gastos ordinarios de la organización, incluyendo la iglesia o la familia.

Los individuos y las organizaciones no tienen todo el dinero del mundo para gastar. Por tanto, tenemos que ser selectivos al momento de disponer del dinero que se posee o se recauda en un momento dado. Los desembolsos de dinero comunes se pueden dividir en cuatro categorías:

1. **Fijos:** Corresponden a obligaciones con las cuales hay que cumplir independientemente de la situación económica que se confronte. Eliminarlas podrían ocasionar una distorsión en nuestro estilo de vida acostumbrado y afectan nuestro crédito. Ejemplo de esto los son los pagos de hipoteca, de préstamos para automóviles, préstamos personales, tarjetas de crédito, etc.
2. **Semi-fijos o semi-variables:** Corresponden a gastos que se pueden reducir a su mínima expresión, pero no se pueden eliminar por completo sin afectar el funcionamiento de nuestro diario vivir.
3. **Variables:** Son totalmente controlables. Hay que reducirlos cuando los ingresos disminuyen.
4. **Superfluos:** Estos gastos se pueden eliminar por completo porque no obedecen a las necesidades económicas, sino a caprichos.

INFLACIÓN

La inflación es el aumento general y prolongado en el nivel de los precios. Las causas que la provocan son variadas, aunque se destacan el aumento del dinero en circulación, que favorece una mayor demanda, o el costo de los factores de la producción (materia prima, energía, salario, etc). Si se produce una baja continuada de los precios se denomina como deflación. Esto significa que el poder adquisitivo del dinero tiende a disminuir cada año. La gente necesita más dinero para adquirir las mismas cosas que adquirió el año anterior. En una economía en crecimiento, el aumento en los ingresos es mayor que el aumento en de la tasa de inflación. Eso provoca un aumento en el superávit. En una economía en recesión, el ingreso tiende a quedarse igual o a disminuir mientras que los costos aumentan. Los consumidores pierden la confianza en la economía y dejan de comprar, y el resultado es peor. Al disminuir la demanda de servicios y productos, las empresas se ven obligadas a reducir la producción, lo que provoca una reacción en cadena: aumento en el desempleo, aumento en las quiebras de negocios y también personales, resistencia de los bancos para ofrecer préstamos, etc. Eso hace necesario hacer ajustes y recortes presupuestarios para mantenerse operante. Una recesión que se prolongue por mucho tiempo puede llevar a un país a experimentar una depresión económica. Por tal razón, es tan importante conocer la tasa de crecimiento económico de los países. También es importante conocer el aumento anual en el costo de vida y la proporción que guarda en relación con el índice de precios. Toda esa información se consigue sin dificultad alguna en el Internet, particularmente en portales electrónicos dedicados a noticias financieras.

Usted y los miembros de la mesa directora o junta de oficiales de su iglesia deben hacerse las siguientes preguntas antes de incurrir en una erogación considerable de dinero que podría afectar el buen funcionamiento del programa de la iglesia:

1. ¿Cómo clasifica el gasto que piensan incurrir?
2. ¿Qué alternativas se tienen?
3. Si la erogación es necesaria, ¿quién ofrece un mejor precio?
4. ¿Se puede funcionar sin adquirir ese servicio o activo en ese preciso momento?

Todas las iglesias viven de las aportaciones económicas voluntarias de sus miembros y visitantes, lo que hace necesario estimular a la gente a mantener esas ofrendas como una partida ordinaria dentro del presupuesto. El asunto es que muchas familias viven sin hacer uso de tal herramienta. No hacen un presupuesto, gastando todo lo que reciben; o viven del crédito, gastando aún lo que no tienen. Los pastores y las pastoras deben estimular a sus feligreses a preparar un presupuesto. Esa es toda una disciplina que tiene una sólida base bíblica (Heb 12:11). Me sorprende que los programas de orientación familiar no incluyan el manejo del presupuesto familiar. Más del cincuenta por ciento de los divorcios ocurren por razones económicas. Por eso la Biblia nos enseña todo lo siguiente:

1. Debemos adoptar un estilo de vida que se ajuste a nuestros ingresos (2 P 3:11-14 & Stg 4:13-15)
2. Practicar el arte de dar es una obligación, no una opción cristiana. El altruismo es parte integrante de la religión cristiana (2 Co 8:13-15).
3. Tenemos que aprender a determinar prioridades, poniendo siempre las cosas del Señor (la justicia, la paz, el amor, la verdad y la misericordia) en primer lugar (Heb 13:14-15)
4. Debemos agradecer a Dios por todo lo que nos da, sea que tengamos mucho o poco (Flp 4:4, 12-13).
5. Hay que mantener en oración nuestras finanzas y las finanzas de la iglesia. La oración y el presupuesto nos ayudan a erradicar el miedo al futuro.
6. Hay que buscar la voluntad de Dios en todo y siempre confiar en sus promesas (Lc 22:35).

Es recomendable basar el presupuesto en lo que, bajo condiciones normales, se espera recibir durante un período dado. Nunca sobrestime los ingresos. En cambio, es recomendable sobrestimar los gastos. Recuerde que usted no controla la economía y los precios suelen aumentar de un día para otro. Considere los renglones de los gastos fundamentales de cualquier institución. Las computadoras que ahora salen al mercado, por lo regular, tienen programas de contabilidad para uso personal. Todos ellos ayudan a las personas y a las pequeñas instituciones sin fines de lucro a mantener un control de sus gastos. Las instituciones más grandes pueden utilizar programas tales como QuickBooks™ o Peachtree™ que están orientados a las organizaciones o empresas pequeñas, pero son sencillos y fáciles de usar. Inclusive, hay algunos programas que sincronizan su información con sus cuentas bancarias. Estos programas proveen para la construcción de presupuestos y su análisis. Ellos no solamente les ayudan a llevar el tracto de sus cuentas y pagarlas a tiempo, sino que además le permiten desarrollar el buen hábito del ahorro.

EL PRESUPUESTO DE LA IGLESIA

El presupuesto es una necesidad para las iglesias. al igual que para cualquier otra organización. Es el producto final de un plan. Se planifica por medio de este la realización de los deseos de la congregación ajustados a su potencial económico. El presupuesto contesta la siguiente pregunta: «¿Cuál es la mejor forma de gastar el dinero de los hermanos?» Fallar en planear es planear fallar. El presupuesto explica a todos la misión de la iglesia expresada en términos de entradas y salidas de fondos. Aunque el presupuesto puede ser alterado, una vez presentado y aceptado por la iglesia, se vuelve un compromiso. Durante el año presupuestado, informa a la iglesia cuando no se puede realizar un objetivo y estimula a la iglesia a forzarse a llevarse para llevarlo a cabo. Por lo tanto, es un medio efectivo para disciplinar los gastos de la iglesia.

Cómo hacer un presupuesto

A. Seleccionar un comité

Los líderes de la iglesia pueden preparar el presupuesto ellos mismos o pueden seleccionar un comité de personas claves como el pastor o pastora, el tesorero o tesorera y otras personas miembros de la iglesia. Como es un presupuesto anual, el comité debe empezar a preparar el presupuesto aproximadamente en octubre del año anterior, y presentarlo a la iglesia en la primera semana de enero.

B. Estimar la contrubución esperada

Usando los años anteriores como base y comparado con la asistencia, la composición y el interés de la congregación, se estiman las contribuciones futuras a recibir. Identifique y sume todos aquellos ingresos recurrentes que la iglesia recibe anualmente. Los más comunes son:

1. Diezmos.
2. Ofrendas regulares.
3. Ofrendas misioneras.
4. Ingresos por concepto de fondos de inversiones.

Los líderes pueden pedir a los miembros que llenen una tarjeta de intento o promesa para indicar la cantidad que proponen ofrendar y el concepto. Hay que explicar a la congregación que la tarjeta no es una obligación, sino una información que ayudará a los líderes a planificar. Nadie debe saber lo que otro da para evitar así quejas y desánimos. Es verdad que no es asunto de todo el mundo con lo que contribuye un miembro, pero si es asunto de los líderes. Sin embargo, como pastora nunca quise saber lo que aportaba la gente a la iglesia. Todo el mundo sabía lo anterior, lo que evitaba que la gente pensara que me podía influenciar al momento de servirles. Como supervisores de la congregación, los líderes tienen el derecho y la obligación porque han de dar cuenta a Dios (Heb. 13:7). Los líderes guardarán esta información de manera confidencial. En iglesias que nunca han usado el sistema de tarjetas de intento, debe haber primero una explicación educando la congregación al respecto.

Luego de contabilizar las promesas, se procede a identificar y a sumar todos los ingresos discrecionales, equivalentes a aquellos que se reciben esporádicamente o que fluctúan de mes a mes, tomando como ejemplo los años anteriores. Algunos de estos son:

1. Ofrendas especiales.
2. Regalos.

C. Estimar los gastos

El tesorero o la tesorera divide los gastos en categorías de acuerdo con los desembolsos de los últimos tres años. Puede incluir el salario o sostén ministerial, benevolencia, transportación, construcción, escuela bíblica, mantenimiento, y evangelismo, entre otras áreas.

Identifique y sume todos los desembolsos y gastos mensuales recurrentes, equivalentes a todos aquellos pagos que tiene que realizar mensualmente para poder ejercer las funciones ordinarias de la iglesia y que no pueden ser controlados o son difíciles de controlar y por los cuales hay que responder independientemente si recibe o no ingreso. Entre ellos están los siguientes:

1. Pago de hipoteca o renta.
2. Pago de préstamos bancarios.
3. Gastos administrativos básicos.
4. Gastos normales de los ministerios.

Se supone que esa ecuación siempre arroje un saldo positivo o superávit. Eso implica que la iglesia tiene la capacidad para hacerle frente a todos sus gastos fijos. Un saldo negativo es una señal de peligro. Eso implica que la iglesia no cuenta ni con lo mínimo para cubrir sus necesidades básicas. Si eso se repite por varios períodos, se cae dentro de lo que se conoce como un «déficit estructural», la antesala de una quiebra económica.

D. Presentación del presupuesto

Se puede enviar por correo a cada miembro una copia del presupuesto y una carta explicativa. Los miembros del comité deben aparecer en la carta con sus números de teléfono y con la invitación a comunicarles cualquier opinión o pregunta. A continuación le ofrecemos un ejemplo de un modelo de una plantilla de un presupuesto para una iglesia.

Columna A Partida presupuestaria	Columna B Presup	Columna C Actual	Columna D Dif	Columna E % cambio
Ingresos recurrentes Diezmos Ofrendas misiones Ingresos fondos de inversión				
TOTAL INGRESOS RECURRENTES				
Egresos recurrentes Benevolencia Campañas Escuela bíblica Escuela de predicadores Escuela dominical Gastos de oficina Mantenimiento de transporte Ofrendas a otras instituciones Provisión para imprevistos Publicaciones Reparación y mantenimiento Salarios Seguros Servicios profesionales Servicios públicos				
TOTAL EGRESOS RECURRENTES				
Superávit (Déficit)				
Operacional				
Ingresos no recurrentes (Se detallan)				
TOTAL INGRESOS NO RECURRENTES				
Egresos no recurrentes (Se detallan)				
TOTAL EGRESOS NO RECURRENTES				
Aumento (disminución) en la reserva				
Balance en reserva (año anterior)				
Nuevo balance en reserva				

Plantilla de un modelo de presupuesto para la iglesia

ANÁLISIS PRESUPUESTARIO

El comité de finanzas de la iglesia es el responsable de rendir mensualmente un informe presupuestario. En la preparación de ese informe se puede utilizar un programa de computadoras para manejo financiero, como Excel™ o Numbers™. Los programas de contabilidad proveen maneras para exportar los balances del mismo, facilitando la labor.

Columna B – Columna C = Columna D = Superávit o Déficit

(Presupuesto menos desembolsos reales es igual a superávit o déficit presupuestario)

- **Columna A:** Se enumeran las secciones principales del presupuesto, así como el detalle de las cuentas o partidas relacionadas con las secciones principales del documento.
- **Columna B:** Indica las partidas de operación presupuestadas. Cabe señalar que este ejercicio se hace de mes a mes para poder atacar los problemas que vayan surgiendo y hacer los ajustes necesarios, maximizando así el rendimiento de los recursos. Esta información se obtiene del presupuesto anual aprobado por la congregación en pleno. Usualmente, esa cantidad se divide entre 12 meses para determinar el promedio mensual. Pero si se quiere ser más riguroso, se puede dividir entre 52 semanas para tener un cuadro más exacto de lo que se recibe y se gasta mensualmente. Recuerde que en el año hay cuatro meses de cinco semanas y ocho meses de cuatro semanas.
- **Columna C:** Indica las partidas actuales de operación.
- **Columna D:** Esta columna se obtiene de la diferencia entre lo presupuestado (Columna B) y lo que realmente se recibió y gastó (Columna C). Presenta la diferencia entre lo presupuestado y lo actualmente desembolsado.
- **Columna E:** Presenta el cambio en términos porcentuales. La Columna E se computa dividiendo el resultado que aparece en la Columna D entre lo presupuestado (Columna B). Ese por ciento nos permite ver cuánto nos fuimos por encima o por debajo de lo presupuestado. Lo ideal es que los porcentajes se neutralicen. Un buen presupuesto no debe irse más de un diez por ciento por encima o por debajo de lo presupuestado. Es aconsejable subestimar los ingresos en un cinco por ciento y sobrestimar los gastos en otro cinco por ciento.

Tal como le sucede a los individuos y a las organizaciones seculares, las iglesias suelen gastar en cosas superfluas que en nada añaden al ministerio. Usualmente, esas erogaciones están asociadas a la apariencia externa de los templos. Así como sucedió en los tiempos de Jesús, así sucede hoy en muchas iglesias. Jesús se percató que los judíos ponían un excesivo énfasis en la belleza exterior del Templo de Herodes. Sin embargo, descuidaban la ayuda que debían ofrecerles a las personas pobres, viudas y huérfanas. Si bien se le debe dar mantenimiento al templo, no debe ser a expensas de lo vital. La iglesia pide para repartir, no para gastar y guardar.

Una sana administración mantiene como parte de sus fondos operacionales la cantidad correspondiente al equivalente a un mínimo de seis meses de los gastos recurrentes y hasta un máximo de un año. Eso le sirve de defensa para minimizar las mermas en las ofrendas, cosa que siempre puede ocurrir, particularmente en tiempos de crisis.

Este análisis presupuestario sirve además para eliminar aquellas partidas que pueden descartarse cuando la situación económica no es una abundante, pues siempre hay que hacer provisión para los tiempos males.

Hay otros análisis que también se pueden añadir, tales como el informe de varianza y de dispersión. Esos cómputos son más complicados y requieren de un profesional que los prepare e interprete. Pero ya existen programas y calculadoras que facilitan sus cómputos, que pueden realizarse por alguna persona relacionada con la iglesia. Ellos explican el pasado comportamiento de cada partida presupuestaria y son muy útiles para la preparación de presupuestos de ingresos y gastos precisos. Son muy pocas las iglesias que hacen esos cómputos.

Anualmente, la iglesia debe preparar otro informe que refleje el comportamiento de los ingresos y egresos en los pasados cinco años. El informe no es tan detallado como el del presupuesto mensual, sino que resume las partidas más importantes. Ese informe nos permite descubrir las tendencias económicas de la iglesia. Usualmente también refleja el comportamiento de la economía en el ámbito local.

EL PRESUPUESTO FAMILIAR

He considerado pertinente ofrecer esta información porque la gran mayoría de los pastores son también jefes de familia. Además, y como ya expliqué, toda iglesia debe tener en su currículo de educación familiar una sección que hable sobre asuntos financieros. Este presupuesto sigue los mismos principios aplicados a la iglesia.

El presupuesto familiar es una herramienta que le ayudará a determinar si tiene los recursos y la capacidad personal para alcanzar las metas financieras de su familia. La persona sabia, por ejemplo, ahorra para el futuro y asume el control de su situación financiera teniendo en cuenta todos los aspectos de su vida familiar. Desarrollar un presupuesto que se ajuste a sus circunstancias y necesidades personales es una meta que puede establecer a corto o mediano plazo. Usualmente, éste debe ser renovado cada año o cuando haya un cambio drástico en su situación financiera.

Lo que realmente permitirá que alcance el éxito financiero es aprender a administrar el dinero que gana, cualquiera que sea la cantidad. Aquel que sabe administrar $100 sabe administrar $1,000 y también $10,000 y el que sabe desperdiciar $100, sabe como arrojar al desperdicio $1,000. Todo pastor debe fijarse metas financieras de la misma manera que se fija metas ministeriales, familiares y demás. Adoptar nuevos hábitos que le permitan manejar su dinero sabiamente. que le den la visión para aprovechar toda buena oportunidad financiera y que le permitan ver con claridad aquello que pueda ser perjudicial para sus finanzas es sumamente importante.

El éxito financiero no es un accidente; es el resultado de un plan de acción, de disciplina y de compromiso hacia la realización de sus sueños. Si su interés en alcanzar el éxito financiero es genuino, entonces mantener sus finanzas bajo control es más simple de lo que usted piensa. Esto no significa que sea fácil. Aún cuando las reglas para alcanzar el éxito financiero son relativamente simples, muchas personas las encuentran poco convenientes. La manera sencilla para empezar a asumir el control de sus propias finanzas, es desarrollar su presupuesto personal. Sólo cuando logre determinar con certeza sus entradas mensuales netas y su patrimonio personal (lo que sobra después de gastos), podrá decidir qué parte de ese dinero está en condición de gastar o invertir. Adopte nuevos hábitos que le permitan manejar su dinero sabiamente; que le den la visión para aprovechar toda buena oportunidad financiera y que le permitan ver con claridad aquello que pueda ser perjudicial para sus finanzas.

Es bien sabido que la persona promedio gasta más del 100 por ciento de sus ingresos con o sin conocimiento, y, debido a esta falta de control, termina gastando más de lo que tiene. ¿Podemos empezar a construir nuestra fortuna de esta manera? Por supuesto que no. Por eso tiene que observar el logro del éxito financiero en los siguientes términos:

- Recuerde que de un lado tiene usted el dinero que gana y, del otro, el que gasta.
- Si tus entradas son mayores que sus gastos, estás usted acumulando riquezas.
- Por el contrario, si sus gastos son mayores que sus entradas, y tiene que recurrir constantemente al uso del crédito para terminar el mes o hasta que llegue el próximo pago de salarios: estará acumulando deudas.

Por simple que parezca, este ejercicio es el principio financiero más profundo que necesita usted aprender para controlar su situación económica. Nunca obtendrá su libertad financiera si está gastando más de lo que gana. Desarrollar un presupuesto para controlar sus gastos no es una alternativa, es una necesidad. Resulta increíble, pero un gran número de personas no saben a ciencia cierta cuánto dinero ganan mensualmente. ¿Ha oído usted decir a alguien alguna vez que no entiende a dónde fue a parar el dinero generado o ganado durante el año? Usualmente esta pregunta se la hacen al momento de la declaración de impuestos. A esto, le sumamos que muchas personas tienden a no diferir ningún tipo de gasto, lo que trae como resultado que nunca sepan con cuánto dinero cuentan a fin de mes.

Uno de los mayores problemas que enfrentan las personas, las corporaciones, los gobiernos, e incluso los países y las iglesias también, es que tienden a gastar más de lo que tienen. La mayor barrera que encuentran es querer reducir sus deudas sin cambiar los malos hábitos que los han conducido a dicha situación. Ya sea que gane un millón de dólares al año o doscientos dólares semanales, si usted no elabora un presupuesto, nunca logrará un control absoluto sobre sus finanzas. Hacer un presupuesto es planear los gastos y desembolsos durante un período de tiempo, de acuerdo con las entradas que se obtienen regularmente durante ese mismo período. Esto implica para usted, al igual que para las iglesias, definir los siguientes puntos:

- Cuáles son las deudas u obligaciones mensuales.
- Cuáles son los gastos.
- Cuáles los gastos fijos.
- Cuáles son los gastos variables.
- Asignar una cantidad determinada de dinero para cada uno de estos gastos o desembolsos.

Mientras se cambian los viejos hábitos a un nuevo estilo de vida, es necesario mantenerse atado al presupuesto y evitar la tentación. La Biblia dice que huyamos de la tentación, por lo tanto si su tentación son las tiendas por departamento, huya de ellas de inmediato. Implante poco a poco lo siguiente:

✓ Nuevos hábitos de gastos.
✓ Evitar los gastos innecesarios.
✓ Pague el balance de las tarjetas de crédito a fin de mes.
✓ Ahorrar mensualmente parte de los ingresos anuales hasta alcanzar tener disponibles al menos seis meses de sus gastos y/o desembolsos mensuales.

De esta forma veremos el logro alcanzado con la implementación del presupuesto. Hay muchos malos entendidos sobre lo que es o no, un presupuesto familiar y sobre lo que éste puede hacer por nosotros.

Un error muy común que la gente comete es creer que el presupuesto es solamente para personas con bajos ingresos o para quienes se encuentran enfrentando situaciones financieras difíciles. El presupuesto no es simplemente elaborar una lista de los gastos mensuales. El presupuesto no nos dice cómo debemos gastar el dinero. El presupuesto no es un plan para evitar toda clase de gastos, ni para que distanciarnos de las cosas que deseamos. Un presupuesto es sencillamente un plan o una herramienta para distribuir los ingresos, de tal manera que podamos cubrir los gastos correspondientes a unas necesidades específicas. El porcentaje que le asignemos a cada componente del presupuesto, depende de la situación personal de cada uno. Si tenemos una familia, el presupuesto debe incluir tanto las metas personales como las familiares y todos deben participar en su elaboración.

A continuación le presentamos un modelo de presupuesto familiar bastante exhaustivo que le puede ayudar a tomar control de sus finanzas.

La administración de las finanzas de las iglesias

Pagos (En que se te va el dinero)	Cantidad Mensual	Necesidad	Deseo	Ajuste
DEUDAS (obligaciones de crédito)				
Hipoteca principal y/o 2ª hipoteca	$			$
Hipoteca de 2ª propiedad				
Renta o alquiler				
Préstamo de auto				
Visa				
Master Card				
American Express				
Tarjetas de crédito de tienda				
Otra tarjeta de crédito				
Préstamo personal				
Préstamo estudiantil				
Préstamo de cooperativa				
Línea de crédito o reserva				
Otros (*lay away*, muebles, etc)				
TOTAL DEUDAS	$	**TOTAL DE AJUSTE**		$
GASTOS (son variables)				
Vivienda				
Agua				
Luz				
Teléfono				
Contribuciones sobre la propiedad				
Seguro de la propiedad				
Tanque de gas				
Mantenimiento hogar/ayuda doméstica				
Cuota de mantenimiento				
Transportación				
Gasolina				
Seguro				
Mantenimiento (mecánica, aceite, lavado)				
Estacionamiento, peaje				
Guagua/taxi/tren/otro				

El manejo del presupuesto

Alimentos				
comidas y abastos/colmado				
Almuerzos				
Meriendas, refrescos, café, agua				
Salud				
Seguro médico				
Medicinas/farmacia				
Citas médicas/deducibles				
Tratamiento médico/dental				
Niños				
Matrícula/educación				
Mensualidades/cuidado				
tutorías				
Mesadas				
Libros/artículos escolares				
Clases extracurriculares				
Miscelaneas				
Ropa				
Compras				
Lavado/sastrería				
Educación continua				
Matrícula/adiestramiento				
Libros/artículos escolares				
Necesidades familiares				
Segura de vida				
Seguro de incapacidad				
Pensión alimentaria				
Cuidado de familiares				
Otros				
Entretenimiento				
Comidas fuera del hogar				
Cable TV				
Internet				
Revistas/periódicos				
Vacaciones				
Cine				
Videos/*Pay-per-view*				

Mascotas				
Comidas				
Otros				
Misceláneas				
Salón de belleza/barbería				
Emergencias				
Cuotas de membresía				
Celular/beeper				
Regalos (cumpleaños, Navidad)				
Donaciones (iglesia, comunidad, diezmos)				
Otros				
TOTAL DE GASTOS	$	**TOTAL DE AJUSTES**	$	
Dinero que guardo para mi				
Reserva para emergencias/imprevistos				
TOTAL DE AHORROS	$		$	

6

La importancia de mantener los libros de contabilidad

La contabilidad nos permite escribir la historia monetaria de una persona u organización. Ella nos permite ver el dinero que se recibe y se gasta dentro de un período de tiempo determinado. La persona que realiza esas funciones recibe el nombre de contable o contador. Algunos contadores poseen una licenciatura (CPA) que les permite ejercer la profesión públicamente. El gobierno les exige a las corporaciones mantener un expediente o «record» de contabilidad. En el caso de las grandes corporaciones, también le exige la presentación anual de informes financieros certificados por un CPA. Las iglesias están exentas de tales informes. Sin embargo, todas las denominaciones tienen como política pública mantener record de contabilidad y preparar informes financieros anuales cerificados por una firma de CPA.

Si bien entiendo que la iglesia no es un negocio al estilo del mundo y que la ley no la obliga a preparar informes financieros, digo: ¡Ojalá fuese administrada como tal! Me refiero a la rigurosidad que debe mantener al preparar e implementar sus presupuestos de ingresos y gastos y al presentar sus informes financieros a los miembros de la congregación. Como indiqué anteriormente, existen unos programas para computadoras muy sencillos que facilitan esa tarea. Es una manera de pensar muy generalizada que la iglesia no debe rendir informes escritos de lo que recibe porque eso estimula a los ladrones a asaltarla para robarle. ¿Quién no sabe que una iglesia recibe semanalmente dinero producto de las ofrendas? Los ladrones no viven enajenados de la realidad. Eso es como pensar que ningún banco debe rendir informes anuales por la misma razón. Lo que las iglesias tienen que hacer es mejorar sus sistemas de control y mantener seguros para ese tipo de contingencia.

Durante todos los años que fungí como pastora, eduqué a la junta de oficiales de la iglesia a presentar dos informes financieros al año a la feligresía: Un informe semestral y el informe anual. Para ahorrar papel, el primero se daba de manera oral. Empero, el anual se daba por escrito. Se preparaba en una imprenta, tal como lo hacen las corporaciones con fines de lucro. Era un informe completo sobre todo lo acontecido en la iglesia durante el año. Tanto yo, como pastora, así como cada director de ministerio presentaba en dicho informe las metas alcanzadas y cómo ellas guardaban relación con los objetivos establecidos. Por supuesto, eso incluía los informes y análisis financieros. Era asunto de determinar si la iglesia había cumplido o no con su misión. Ese informe era distribuido liberalmente y se convirtió en un excelente medio de evangelización. Inclusive, enviábamos una copia de ese informe a la oficina central de nuestra denominación y otra a nuestro banco. La experiencia que tuvimos fue excelente. La gente adquirió confianza en nuestro trabajo. Dado que era un informe muy bien preparado, estimulaba a la gente a guardarlos. Me he encontrado con antiguos miembros de la iglesia que me testifican que lo guardan como reliquias.

7

Determinación de la compensación pastoral

Una de las preguntas obligadas de mis estudiantes en el seminario se relacionaba con la compensación que debía recibir un pastor o un pastora. Eso era y sigue siendo algo tabú para muchos cristianos. Antes de darles una respuesta a esa pregunta, solía narrarles a mis estudiantes la experiencia que viví con el esposo de una de las líderes de mi iglesia, quien dirigía su propia firma de contabilidad pública. Una noche, esa persona acompañó a su esposa a una de las reuniones de uno de nuestros ministerios. Por alguna razón que no viene a mi memoria, esa reunión en particular se llevó a cabo en mi hogar. El esposo de la líder se quedó en un recodo del salón donde estábamos reunidos y en ningún momento intervino en lo que allí se discutió. Sin embargo, se dio a la tarea de observar todo lo que ocurría a su alrededor. Digo esto porque me lo informó al concluir la reunión. Se fijó que en varias ocasiones tuve que abandonar al grupo de trabajo para atender llamadas telefónicas de otros miembros de la iglesia. Se percató de que mi «buscador de personas» (o «beeper») sonó un par de ocasiones (en aquel tiempo no existían los teléfonos móviles). Se sorprendió de que mis intervenciones en los trabajos de ese grupo requirieran que hiciera mención de otros trabajos que estaba coordinando. En fin, me dijo que quedó impresionado por la carga de trabajo que tenía bajo mis hombros. Él pensaba que la labor pastoral consistía simplemente en predicar y hacer obras de caridad. Aproveché la ocasión para explicarle todo lo que implica el trabajo pastoral. Le dije que un pastor o una pastora tiene que ponerse muchos sobreros, y todos ellos requieren de tiempo, esfuerzo y aún de dinero. A partir de ese momento, esa persona se convirtió en una fiel colaboradora del trabajo de la iglesia.

Otra experiencia, esta vez no muy grata, la tuve con un miembro de mi congregación que objetaba que se me pagara un salario por ejercer mis labores pastorales. Según su opinión, si yo era una sierva del Señor, no debería tener un salario. El lugar y la manera cómo lo dijo no fueron las más apropiadas y lo consideré una verdadera falta de respeto a mi persona. Pero yo nunca desaprovechaba una oportunidad para educar, no tanto para reaccionar de forma negativa. Ese día solamente me limité a decirles que llevaría a cabo un análisis de mi trabajo que les permitiera determinar sí yo debía o no ser compensada por mi labor. Mi análisis fue sumamente riguroso, con estadísticas comparativas, tanto dentro del ambiente de la academia como dentro del contexto de otras denominaciones religiosas. Clasifiqué la labor pastoral en funciones básicas, tales como: educativa, orientación, relaciones públicas, evangelización y administración. Como yo había sido profesora en la Universidad de Puerto Rico, tomé lo que había sido mi sueldo y mis beneficios marginales como punto de partida. Les probé que ahora trabajaba el doble a mitad de sueldo. En fin, todo eso arrojó que un pastor eficiente se ve obligado a trabajar no menos de 50 horas a la semana para cumplir con todas sus responsabilidades. Eso no incluye que todo pastor está a la demanda de sus feligreses (en inglés, «on call») las veinticuatro horas al día. Los pastores tienen el deber moral de responder a las crisis de los miembros de sus iglesias y sus familiares. Es por esa causa que su trabajo es un ministerio, no una profesión cualquiera. La preparación de un buen sermón o un buen estudio bíblico es equivalente a la preparación que se le requiere a un profesor universitario para impartir su cátedra. Me pregunto entonces, ¿Cómo alguien se atreve a decir que a un pastor o a una pastora no se le debe compensar adecuadamente? Aquel análisis que le sometí a mi junta de oficiales rindió grandes frutos, al punto que la iglesia me asignó un mejor salario y otros estupendos beneficios marginales.

La Biblia dice que todo obrero es digno de su salario, lo que incluye a quien tiene el cargo pastoral. Nadie puede ejercer bien su trabajo cuando se siente presionado por cuestiones económicas. Por esa causa es que creo que toda iglesia debe ser intencional en el establecimiento de un buen sistema de compensación pastoral. En un estudio que realicé para las iglesias discípulos de Cristo en Puerto Rico plasme mi idea para el establecimiento de un sistema de esa naturaleza (Figueroa, Realidad Socioeconómica). Sin embargo, mis recomendaciones no fueron escuchadas.

Si partimos de la realidad del mundo de trabajo, la compensación de cualquier profesional (y un pastor lo es en cierta medida), se basa en tres factores importantes:

1. La preparación académica
2. La experiencia
3. Las habilidades y destrezas interpersonales

Ahora bien, dada la naturaleza de la iglesia, se deben tomar en cuenta otras variables a la hora de establecer la compensación pastoral. Entre esos criterios están los siguientes:

1. **Tamaño de la congregación**

    A mayor número de miembros, mayor es la carga de trabajo y la responsabilidad que tiene el pastor. Una típica congregación cristiana tiene alrededor de 150 miembros en plena comunión. Un solo pastor puede manejar ese número de personas con bastante eficiencia. Iglesias que sobrepasan ese número deben considerar contratar los servicios de pastores asociados o asistentes.

2. **Complejidad y ubicación física de la iglesia**

    Hay iglesias que tienen academias o administran proyectos comunitarios que requieren de la intervención de su equipo pastoral. Esas instituciones siempre generan problemas que en nada tienen que ver con los ministerios típicos de la iglesia. Las iglesias que sirven en comunidades ubicadas en zonas de gran densidad poblacional y complejidad cultural requieren de una pastoral mucho más sofisticada que aquellas comunidades ubicadas en zonas rurales. La gente de la ciudad suele ser mucho más exigente con sus pastores.

La iglesia tiene que responder a esa realidad que, dicho sea de paso, tiene una fuerte base bíblica.

3. **Presupuesto de la iglesia**

Es otra realidad que las iglesias difieren una de otra en cuanto a la configuración económica de sus miembros. Les resulta un poco difícil a las iglesias de pocos recursos económicos conseguir pastores poseedores de una buena preparación teológica y experiencia. No debemos culpar a aquellos candidatos que, por razones económicas, declinan pastorear iglesias que no pueden pagarles una compensación razonable cuando no existe ni la más remota probabilidad de que éstas puedan levantarse. La gente necesita de un ingreso para vivir y los pastores no están exentos de esa realidad. Con las iglesias institucionales ocurre lo mismo que con las demás organizaciones con o sin fines de lucro. Ellas nacen, se desarrollan, declinan y mueren. La interpretación del versículo bíblico que establece que las puertas del infierno no prevalecerán contra la iglesia resulta ser falsa cuando no entendemos que eso se refiere a la iglesia en su naturaleza divina.

Mi idea en torno al sostén pastoral es que debe partir de una base mínima (no menor al promedio de ingreso bruto de la población) y desde ese punto ajustar sus ingresos según los criterios anteriormente establecidos. Es aconsejable el uso de paquetes de compensación para el sostén pastoral, lo que incluye cubrirles otros gastos, tales como: vivienda, transportación, bono, retiro y plan médico. Aunque los pastores están exentos del pago del Seguro Social, yo aconsejo pagarlo aún cuando la iglesia tenga otro tipo de seguro compensatorio. Si una iglesia no puede pagar un buen sostén pastoral, debe conformarse con mantener un pastor o un pastora a tiempo parcial. Entiendo, y así lo probé, que las denominaciones históricas pueden establecer un salario básico para sus pastores. Algunas ya tienen ese sistema establecido, lo que considero justo. Creo de todo corazón que no es ético ni bíblico pretender que el pastor o la pastora se haga pobre para provecho de los miembros de su iglesia.

8

DECÁLOGO DE LA MAYORDOMÍA CRISTIANA

El pueblo cristiano suele asociar la palabra «mayordomía» con las campañas de recaudación de fondos que organizan y dirigen sus iglesias. Eso crea cierta incomodidad a los pastores y pastoras, razón por la cual suelen invitar predicadores o predicadoras para que hablen sobre el particular. Inclusive, algunas personas piensan que el vocablo «mayordomía» un concepto anticuado que debería ser abolido. Esas malas interpretaciones han creado una laguna en el pensamiento teológico y en la labor educativa de la iglesia. La mayordomía es un elemento esencial para la vida de la iglesia. Su base bíblica es extensa, como lo expliqué en otras partes de este trabajo. No obstante, concuerdo con la idea de que las campañas que todavía algunos líderes insisten en conducir para tratar ese concepto teológico no obedecen a los reclamos de la cultura posmoderna. Esa nueva cultura necesita urgentemente que se le eduque en cuanto a la manera de administrar todos sus asuntos, incluyendo sus recursos espirituales.

La mayordomía cristiana abarca las siguientes áreas, todas ellas de igual importancia:

1. El cuidado que la ciudadanía le debe dar al ambiente natural

La Biblia nos enseña que Dios creó un mundo perfecto y hermoso (Gn 1:31), el cual puso en manos del ser humano para que lo usara y cuidara. Dios no nos dio autoridad para explotar o destruir la creación, sino para administrarla y recrearla (Gn 1:28) Sin embargo, todos estamos conscientes de los daños ecológicos que le hemos causado a nuestro ambiente debido a la excesiva explotación de los recursos naturales y a la contaminación, producto de nuestro excesivo consumismo y comodidad. La iglesia debe educar a sus miembros en cuanto a la correcta manera de preservar el ambiente natural y levantar su voz para señalar los abusos que muchas industrias e individuos cometen contra la naturaleza con el único propósito de aumentar sus ganancias.

2. La administración de la inteligencia

Hoy se habla de que los humanos tenemos por lo menos ocho tipos de inteligencia. Nuestro cerebro es muy superior al cerebro de cualquier animal porque tenemos la capacidad para razonar, lo que significa que poseemos una mentalidad analítica y crítica. Pero muchas veces nos dejamos dominar por nuestras emociones y bajas pasiones. Eso implica que no nos sirve de nada tener un alto cociente de inteligencia (IQ) si no sabemos conducirnos apropiadamente dentro de nuestro círculo social. El éxito o fracaso de nuestras misiones guarda una estrecha relación con nuestra capacidad para enfrentar la realidad de nuestro ambiente, enfrentar los cambios y sacarle aún provecho a las crisis que confrontamos en nuestro diario vivir. Un buen programa de mayordomía debe incluir el manejo de las emociones negativas.

3. El manejo de los eventos dentro del concepto llamado «tiempo»

Existe un gran problema cuando hablamos del recurso «tiempo» y es lo difícil que resulta definirlo y explicarlo. Por esa razón, algunos teólogos y académicos se han enfrascado en la misión de establecer una filosofía sobre el mismo. Varios trabajos han sido publicados sobre el particular que nos arrojan luz sobre este concepto a veces mal entendido y mal utilizado. El trabajo de Xavier Zubiri, incluido en la bibliografía de este libro, me parece muy interesante. Nos habla sobre el concepto descriptivo del tiempo. Varias cosas me llamaron la atención en ese trabajo. Primeramente, nos advierte sobre la dificultad de definirlo. Como bien dijo San Agustín cuando le preguntaron sobre el particular: «¿Qué es el tiempo? ¿Quién podría explicarlo fácil y brevemente? Lo entendemos...cuando hablamos de él, y lo entendemos también cuando lo oímos de otro que nos está hablando. ¿Qué es, pues, el tiempo? Si nadie me lo pregunta, lo sé; pero si quiero explicarlo a quien me lo pregunte, lo ignoro» (San Agustín, Confesiones, XI:17). En segundo lugar, existen muchas concepciones populares que encierran muchas ideas acerca del tiempo que son incontrovertibles, pero que tampoco lo explican, tales como: «el tiempo es oro», «El tiempo todo lo cura», «el tiempo pasa velozmente sin que podamos detenerlo», o «el tiempo todo lo devora». En fin, podemos citar muchas otras expresiones que tienen gran trascendencia. Como bien dice Zubiri en el trabajo citado anteriormente: «En el fondo de todos esos dichos late la idea de que el tiempo es una magna realidad sustantiva. Ciertamente, aparte algunas representaciones mitológicas, no se piensa en el tiempo como algo separable de las realidades del mundo». Pero lo que no se puede obviar es que todo buen administrador reconoce que tiene la responsabilidad de realizar un sinnúmero de tareas dentro de un contexto de tiempo limitado. Dado que a los administradores comunes y corrientes suelen ser personas bien pragmáticas, ellos prestan poca, por no decir ninguna atención a la filosofía sobre el tiempo. Al no entender las características del tiempo les dificulta lidiar con el mismo. De ahí la constante expresión humana de «no tengo tiempo» cuando los pastores le piden a sus miembros que colaboren para la realización de alguna tarea dentro de la iglesia. La mayoría de las personas no entienden que no es el tiempo lo que hay que administrar, sino los eventos que se realizan en ellos. ¡Esos sí se pueden controlar! Un taller sobre el manejo del tiempo debe formar parte de un buen programa de mayordomía.

4. La administración del dinero

Constituye el tema principal de este libro, por lo cual no quiero ser repetitiva, lo que me permite ahorrar espacio para otros asuntos.

5. La administración de los dones espirituales

Uno de los reproches que el apóstol Pablo le hizo a los corintios fue el de ser malos administradores de la gracia y los dones del

Señor. Esos cristianos utilizaban los dones espirituales como asunto de orgullo personal. El abuso que han cometido algunos líderes cristianos en cuanto al manejo de esos dones ha llevado al descuido de los mismos dentro del contexto eclesiástico. Los dones espirituales no tienen una finalidad propia, pero forman parte del desarrollo de la espiritualidad cristiana. Sin ellos, el cristianismo termina por ser una mera filosofía de vida sin ningún tipo de trascendencia.

Todos los elementos que he citado pueden enmarcarse dentro de un solo concepto teológico: la consagración. Supe el significado de lo que es «consagración» casi de inmediato que me convertí al Señor. Mi decisión de aceptar Cristo como mi Salvador fue bien emotiva. Aún me veo arrodillada en el altar de la iglesia y llorando profundamente. Pero también recuerdo que días después comenzaron a aflorar en mi mente muchas preguntas. ¿Qué provocó que yo abandonara mi actitud agnóstica y me decidiera por seguir a Jesús? ¿Qué significa ser salvo por la sangre de Cristo? ¿Qué se requería de mi persona para concretarla? Entendí que las respuestas a esas preguntas tenían que estar en la Biblia y por eso me la leí de tapa a tapa. No niego que no entendí la mayoría de las cosas, por lo cual tomé la decisión de asistir a la escuela bíblica dominical y a los estudios bíblicos. Tales cosas me permitieron entrar en una relación íntima con el Señor. Ese es el paso inicial para lograr la consagración. Pero esa palabra es utilizada para traducir muchas palabras hebreas, la cuales son empleadas dentro de diversos contextos. En términos generales, la práctica de la consagración requiere de cosas tales como: la obediencia, la aceptación de que todo le pertenece a Dios, el entendimiento de que las misiones que estamos llamados a efectuar en este vida son dadas por Dios—que no son caprichos nuestros—y que se requiere de unas virtudes, como la firmeza y la valentía, para llevarlas a un feliz término.

Lo que hasta aquí he dicho demuestra que la consagración no es un acto de santurronería, sino un concepto teológico que guarda relación directa con el carácter de Dios. La santidad, según el concepto de consagración, es sinónima de una vida perfectamente ordenada según los estatutos de Dios. No hablo de doctrinas de hombres, sino de todas las leyes que, de una u otra forma, son responsables del orden social, espiritual, emocional, económico y físico. Esa vida guarda relación con lo ético e impone un estilo de vida en antítesis con el comportamiento humano que no toma en cuenta a Dios en sus actuaciones. Cada vez que nosotros quebrantamos una ley de Dios, por más simple que parezca, nos exponemos a juicio. Poniendo la consagración en paralelismo con la mayordomía me llevó a la formulación del siguiente decálogo:

1. Dios es el creador, sustentador y dueño de todo lo que existe (Gn 1: 1-25).
2. Dios encomendó a los seres humanos—hombres y mujeres—ser administradores de todo lo creado (Gn 1:28-29).
3. Para cumplir con el rol de administradores, Dios nos otorgó varios recursos: Poder limitado sobre lo creado, emociones, varios tipos de inteligencia, dones espirituales y su palabra.
4. Dios nos da a todos dos vocaciones importantes: Conocerle y adorarle; y descubrir los propósitos que tuvo para darnos vida (Jn 7:37-38).
5. Están claramente escritos los beneficios y resultados, tanto de la obediencia a Dios, como las de la desobediencia (Dt 28).
6. El primer pecado del ser humano es creerse dueño de su destino y de sus posesiones. Es decir, el primer pecado es tratar de jugar el papel de Dios (Gn 3:1-13).
7. El cumplimiento de toda misión requiere de la realización de las cinco funciones administrativas básicas: Planificar (Lc 14:28-32), organizar (Ex 18:13-23), escoger o reclutar la gente apropiada (en inglés *staffing*, Mc 3:19), dirigir (Mt 23:1-12) y controlar (Heb 12:1-12).
8. Dios da a cada persona los recursos económicos que necesita para cumplir con la misión que le encomienda (Mt 25:14-30, Pr 30:8).
9. El amor al dinero es la raíz de todo mal. Pero el dinero hay que ganarlo con honradez, gastarlo con sensatez e invertirlo con esperanza.
10 El «arte de dar» no es una opción para el cristiano. Más que una obligación, es un privilegio (1 Co 16:1-4, 2 Co 8:1-16 y Flp 4:10-20).

Bibliografía

Esta es la lista de libros recomendados. He citado algunos de ellos en este escrito.

D'Souza, Dinesh. *The Virtue of Prosperity: Finding Values in an Age of Techno-Affluence*. New York, NY: Free Press, 2000.

Figueroa, Inés J. *Principios de Administración y del Comportamiento Humano en la Iglesia*. Guaynabo, PR: COPMI, 2008.

_____. *Realidad Socioeconómica y Respuestas Eclesiásticas: Iglesia Discípulos de Cristo en Puerto Rico*. Bayamón, PR: ICDC, 1997.

Little, Ken. *Personal Finance*. New York, NY: Alpha Books, 2007.

San Agustín. *Confesiones*. Coulder, CO: Editorial Prana, 2006.

Zubiri, Xavier. *Realistas II*: 1974-1975: Trabajos del Seminario Xavier Zubiri. Madrid, 1976.